Die Vorschauseite

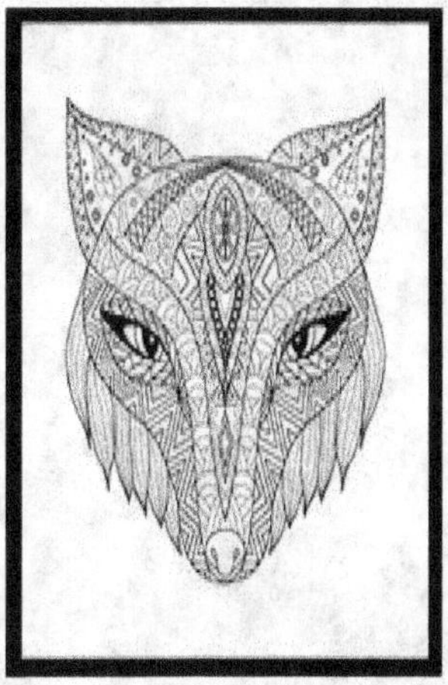
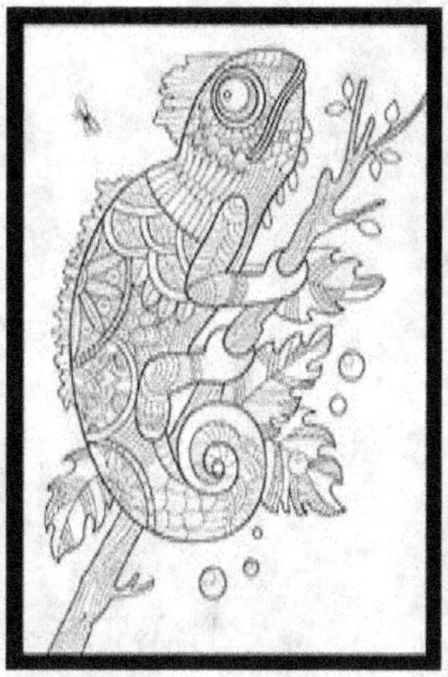
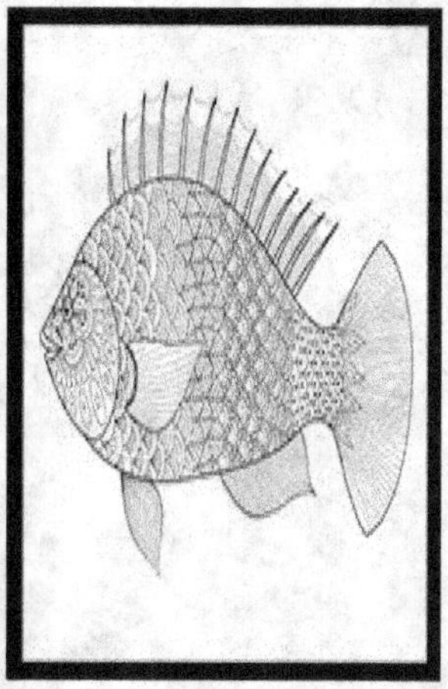
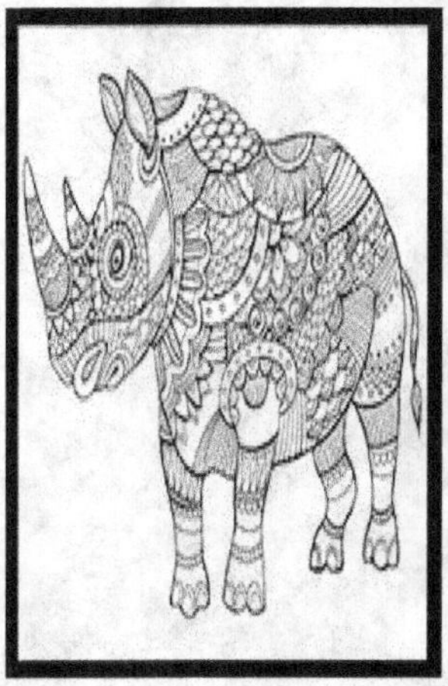
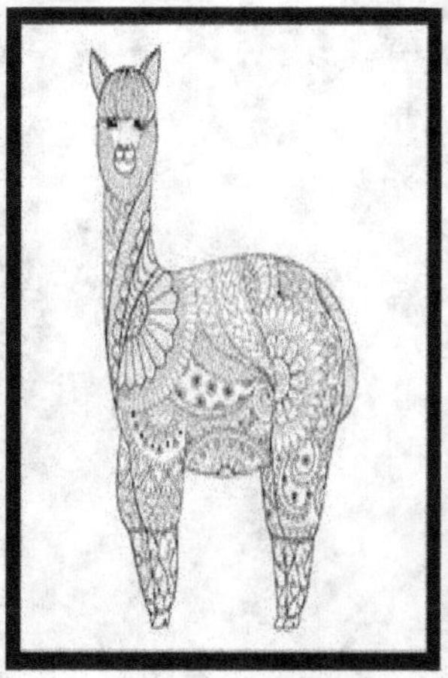
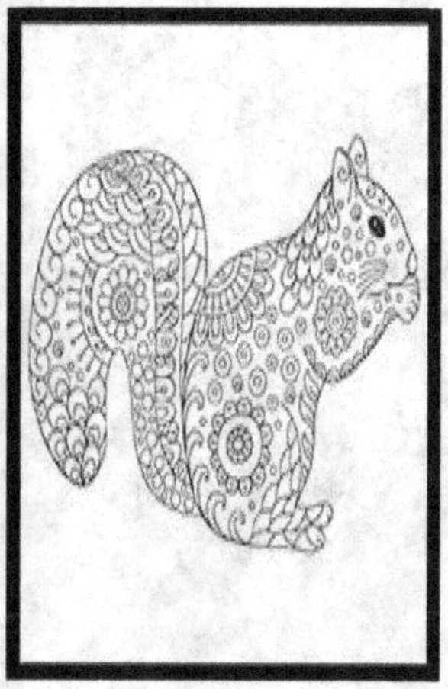
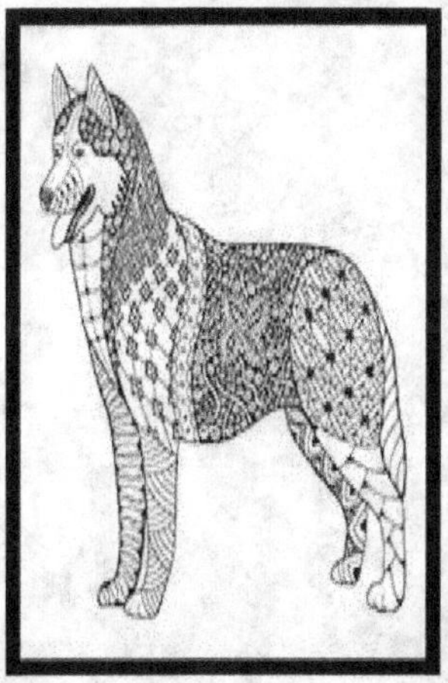
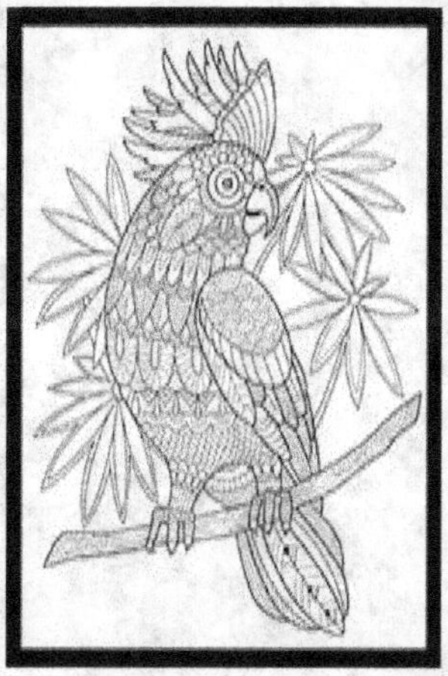
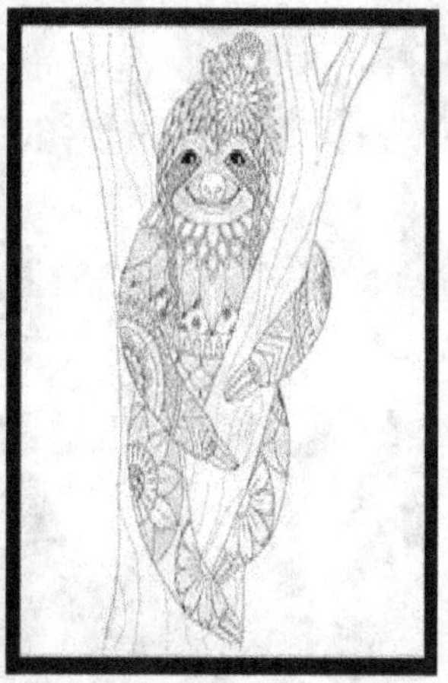

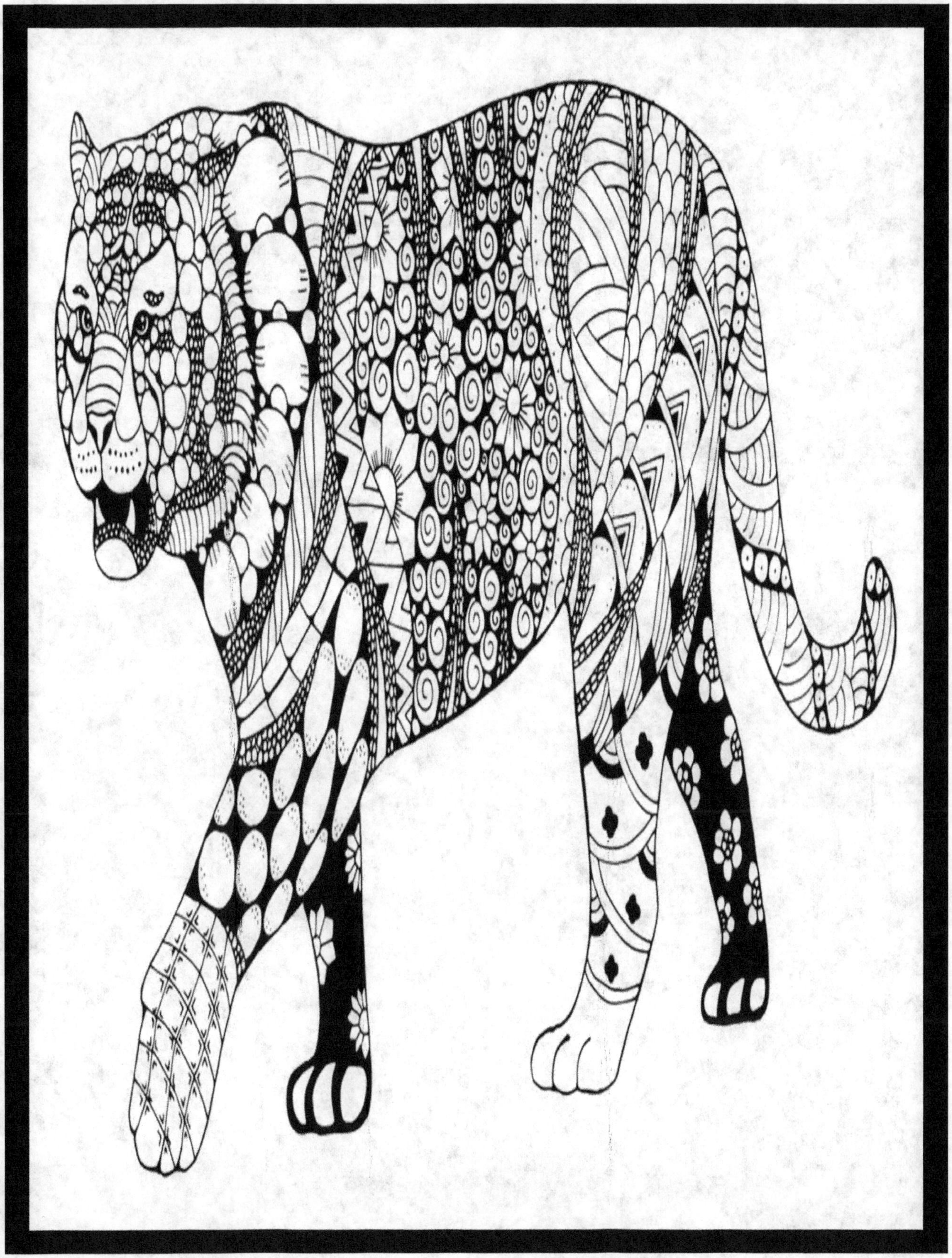

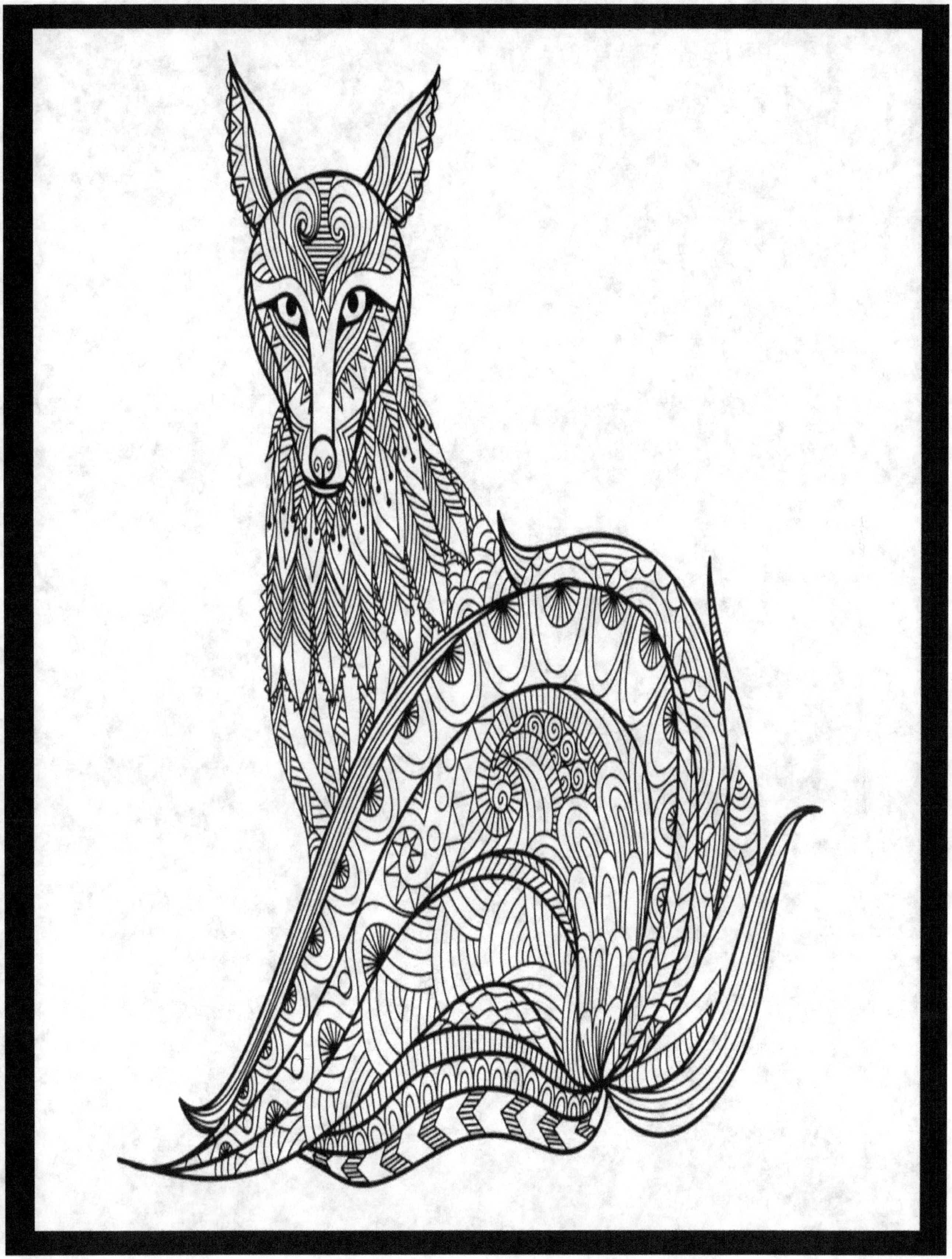

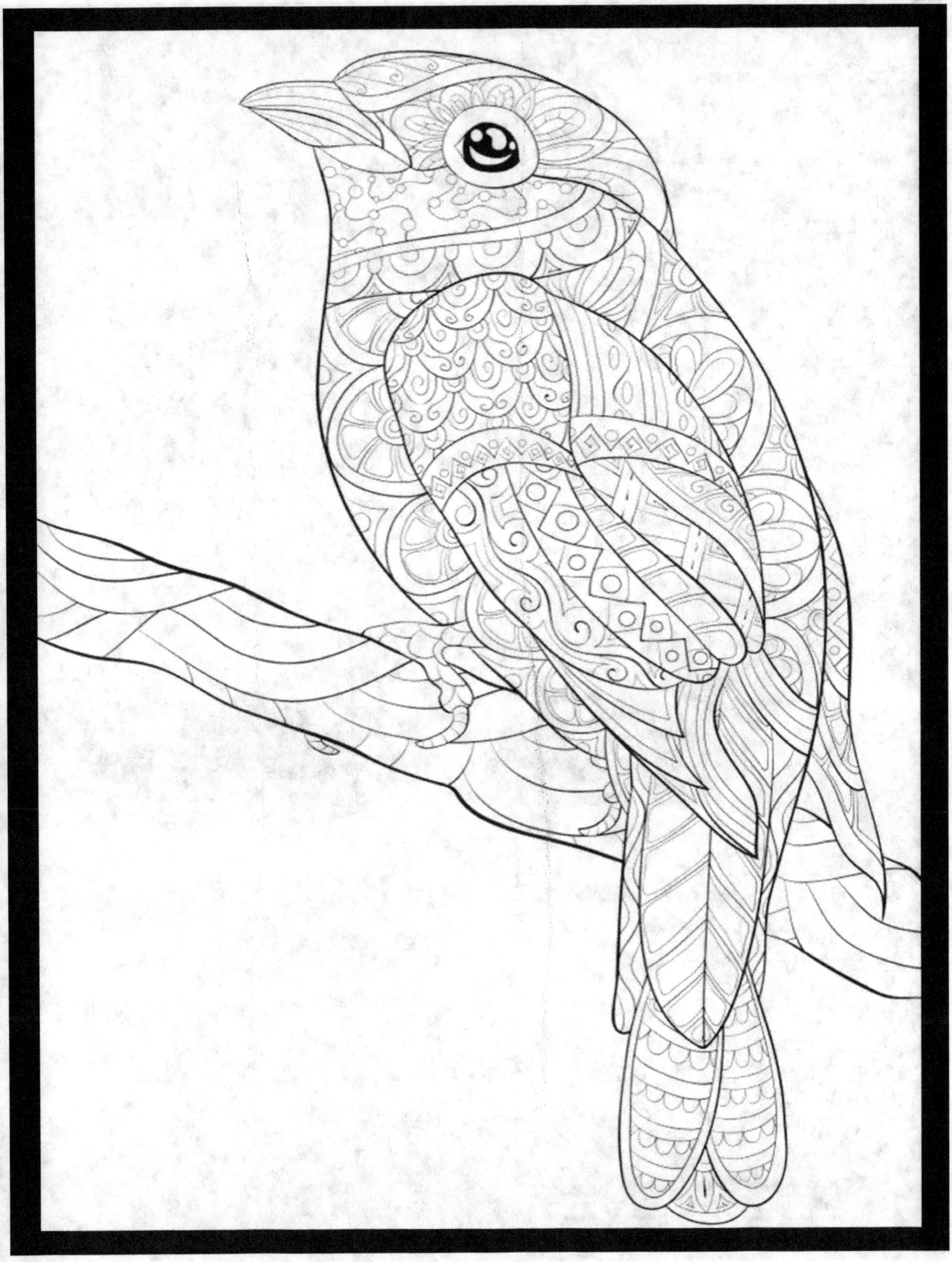

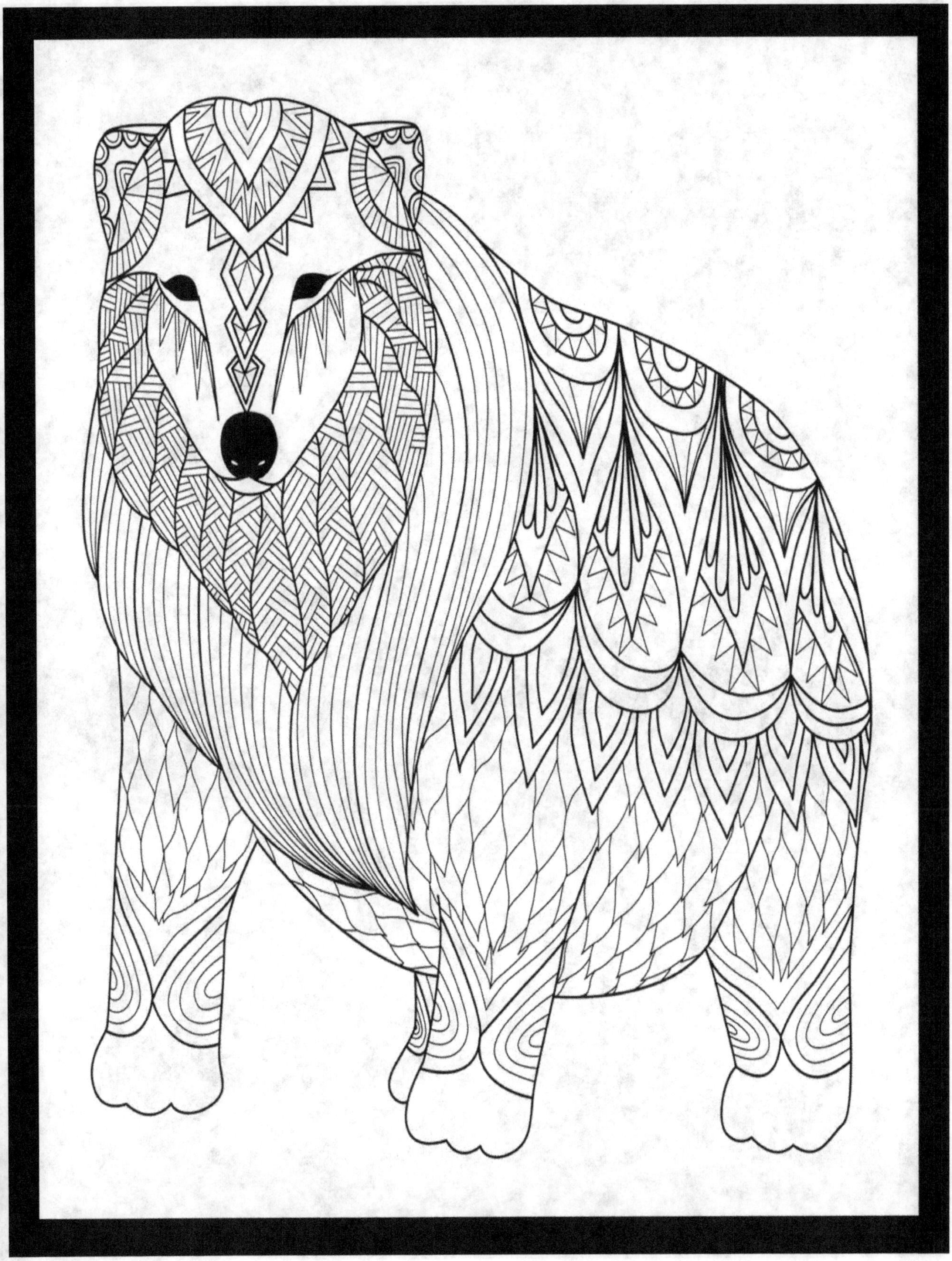

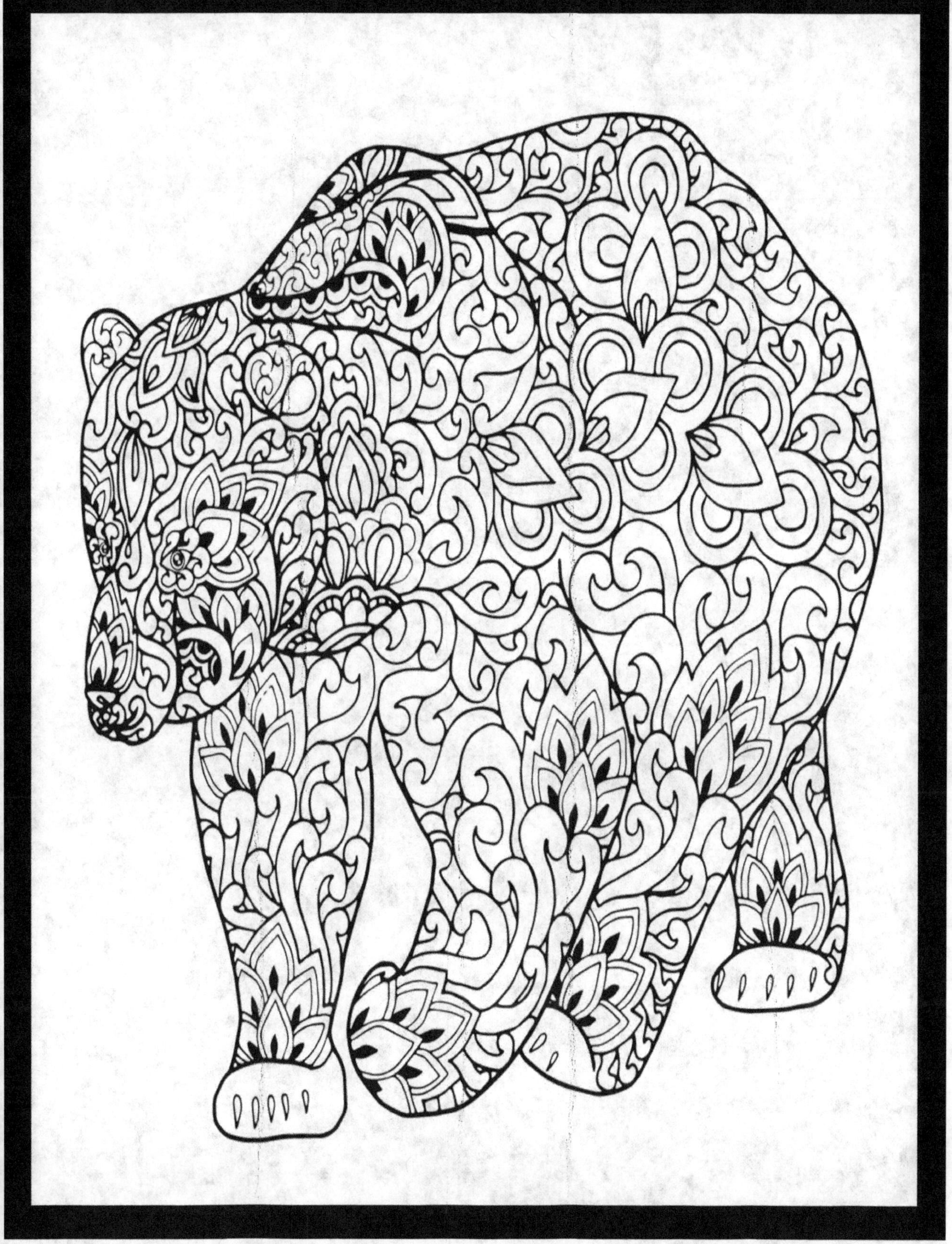

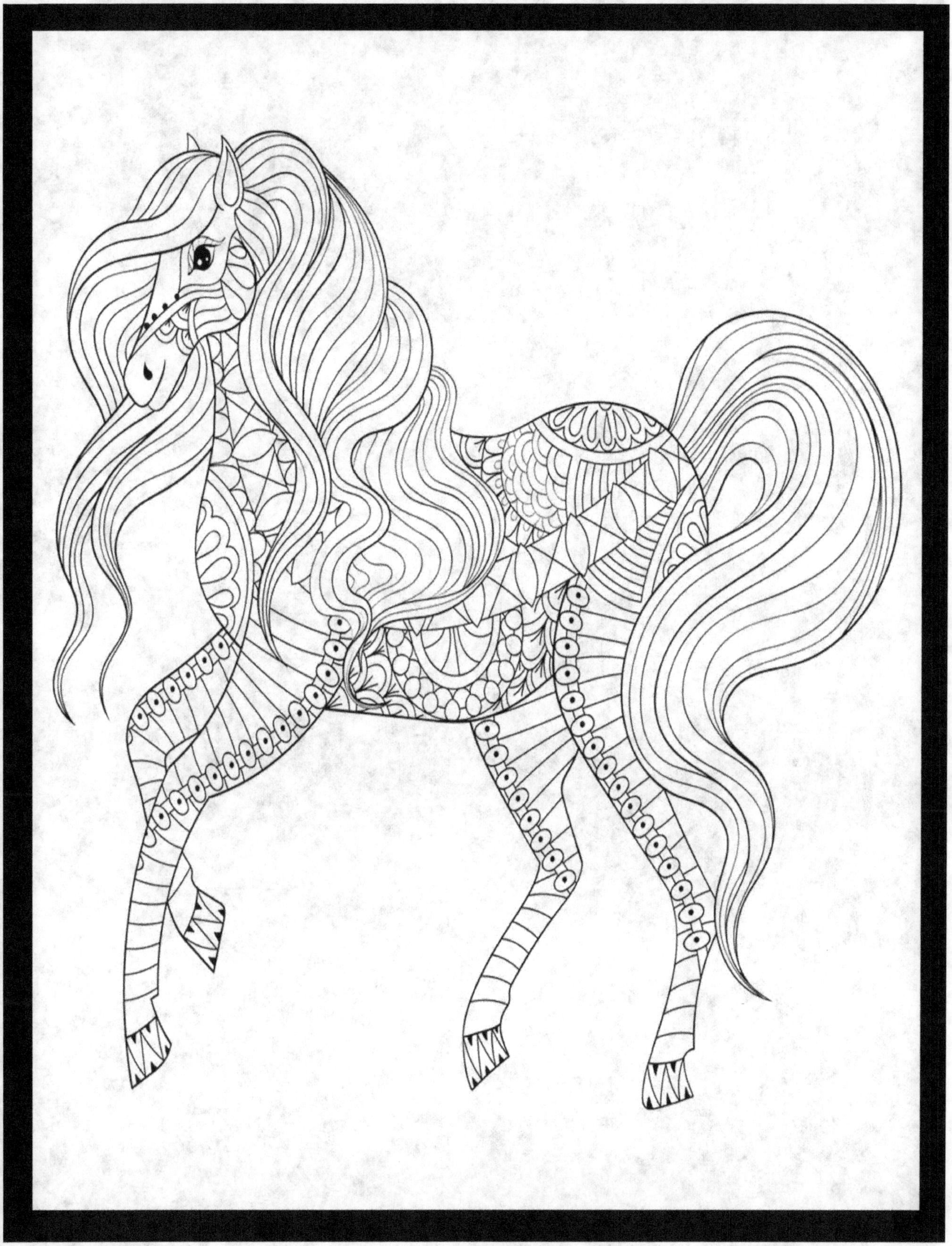

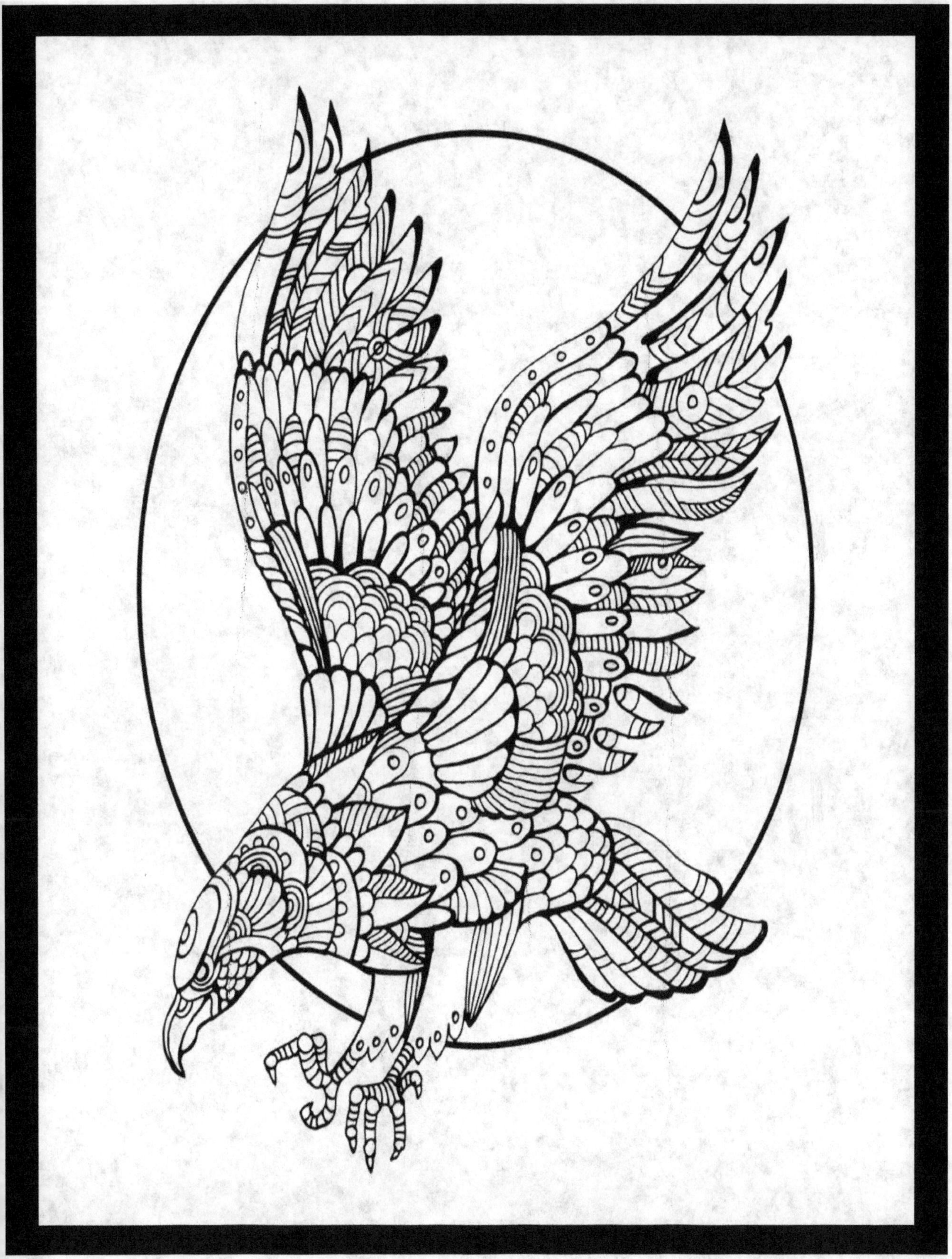

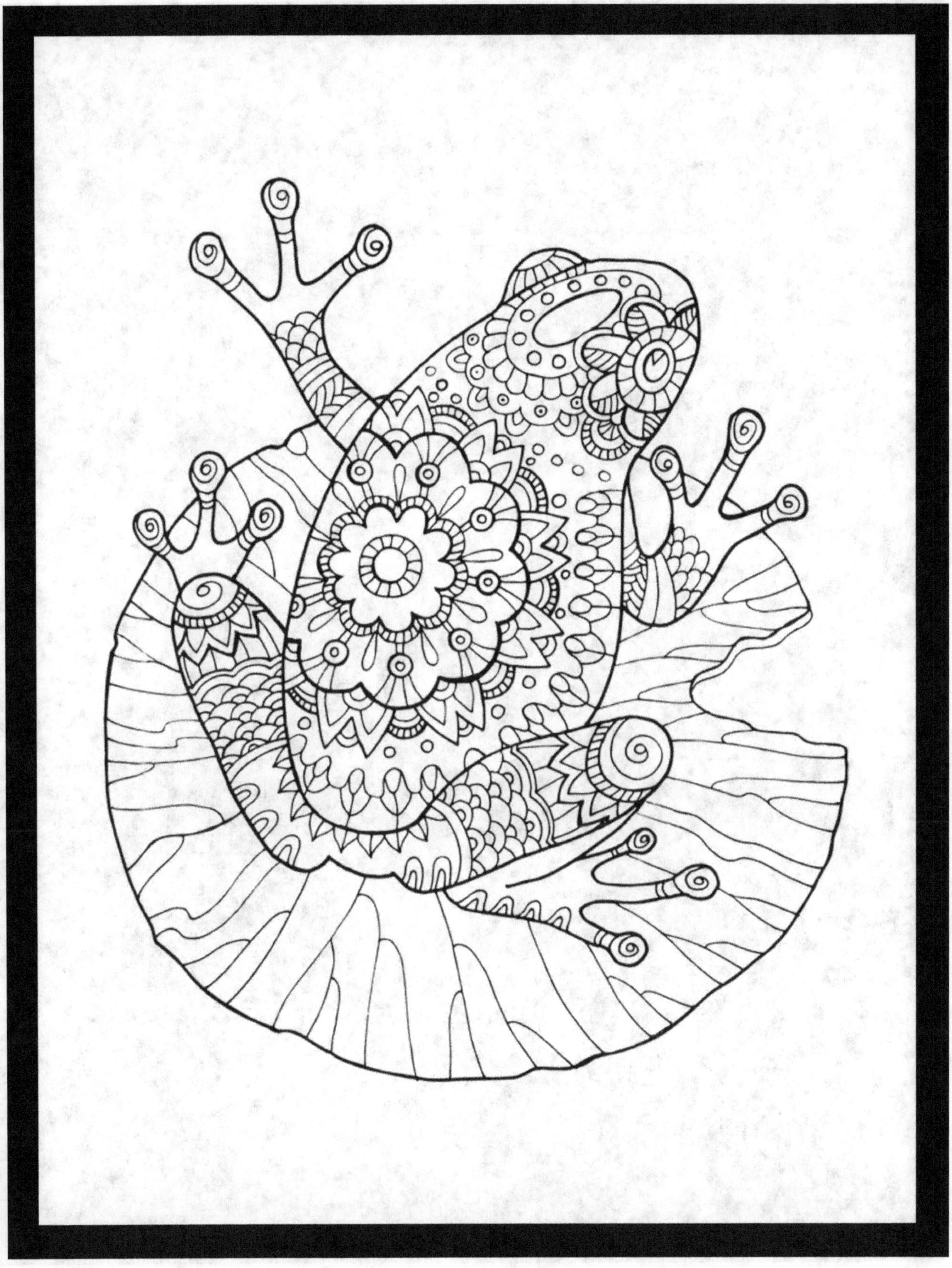

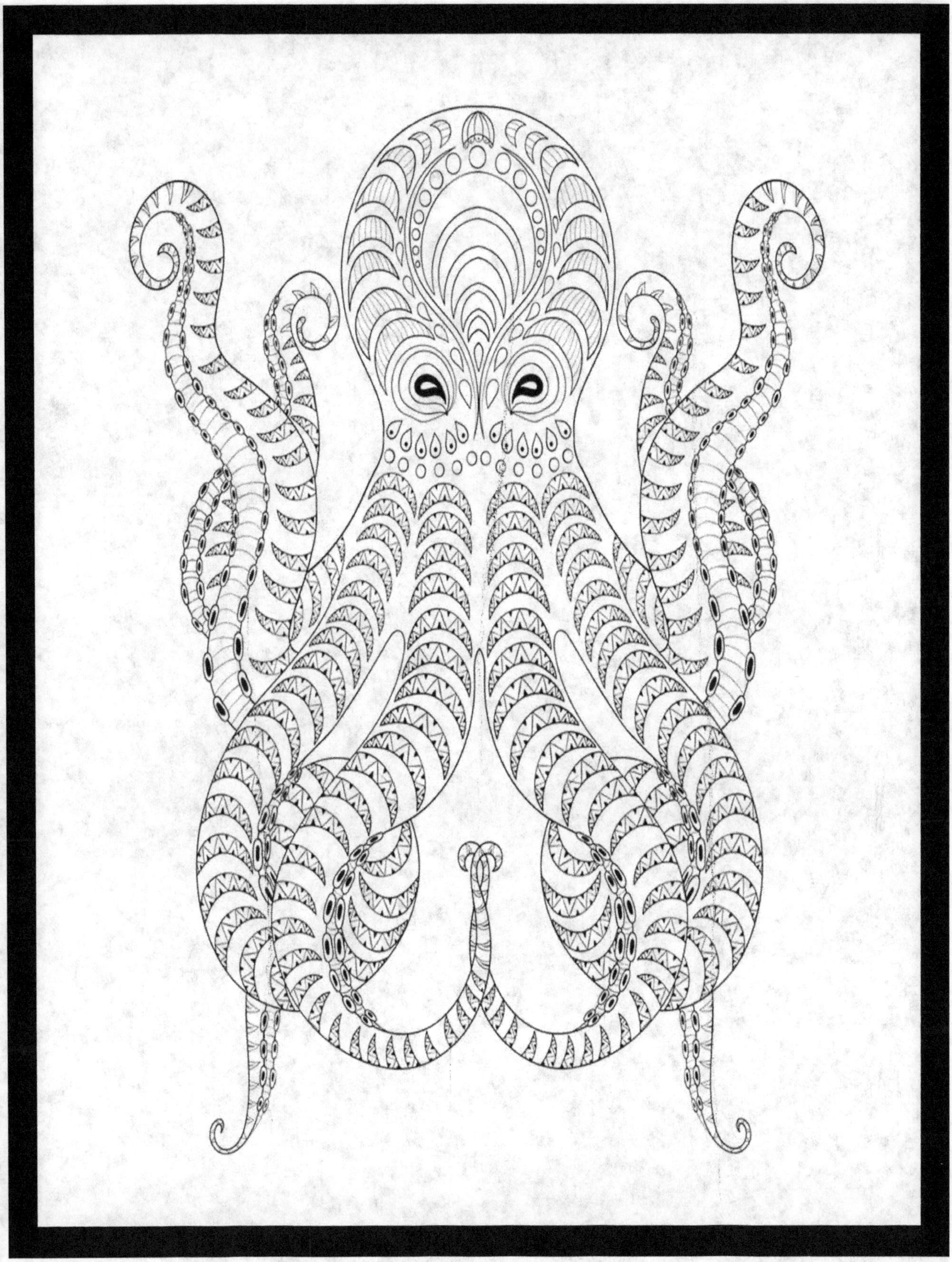

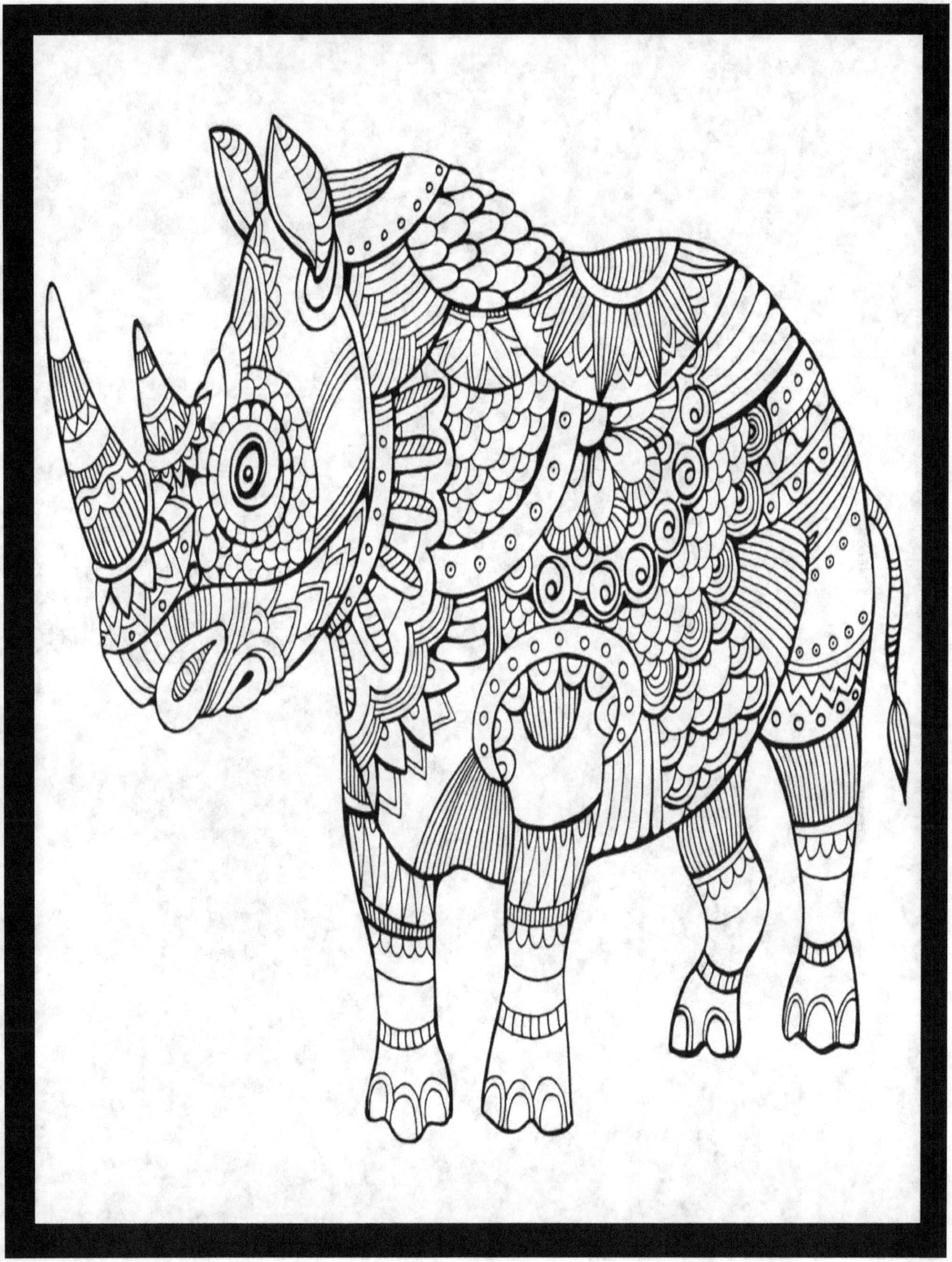

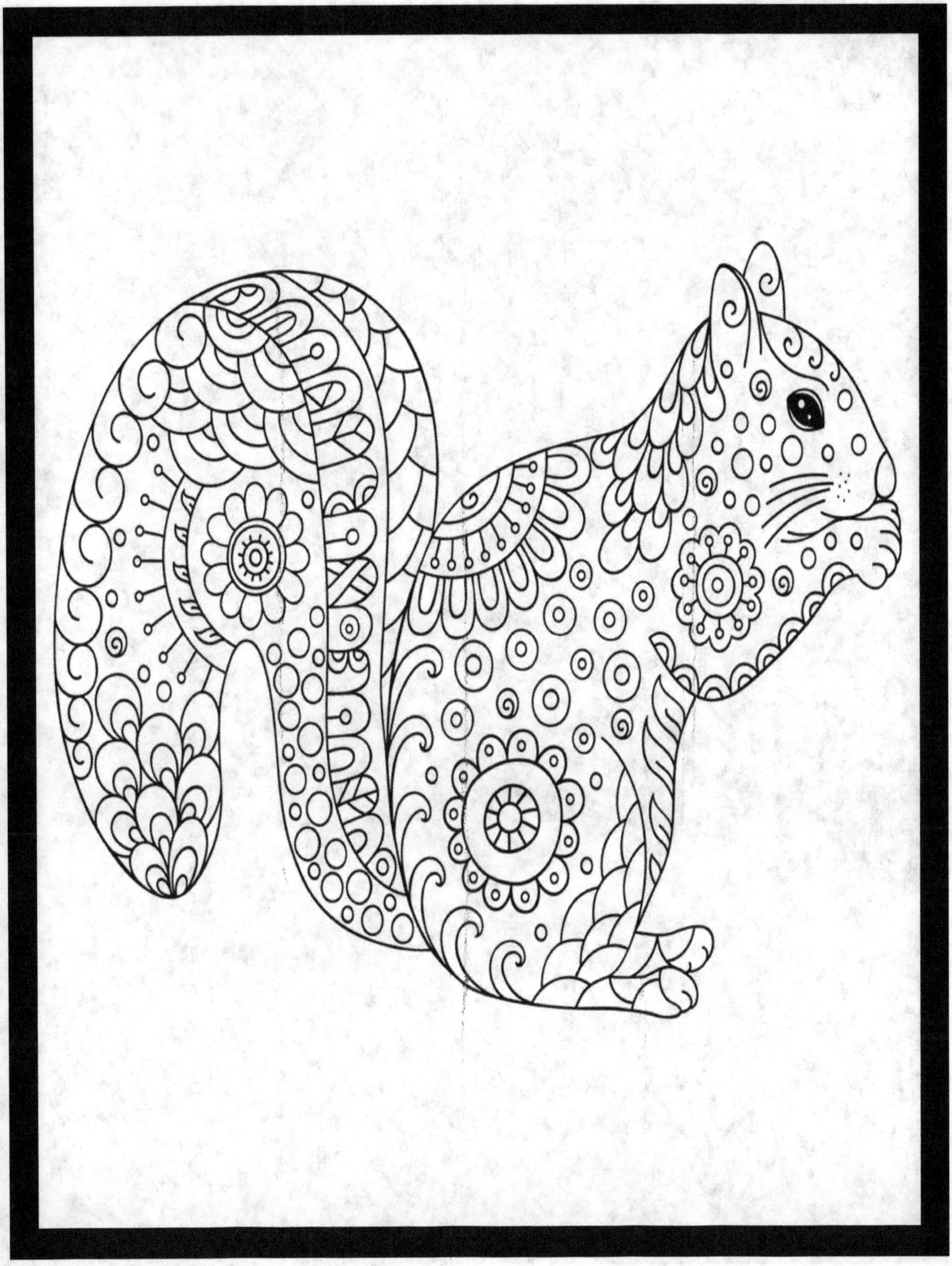

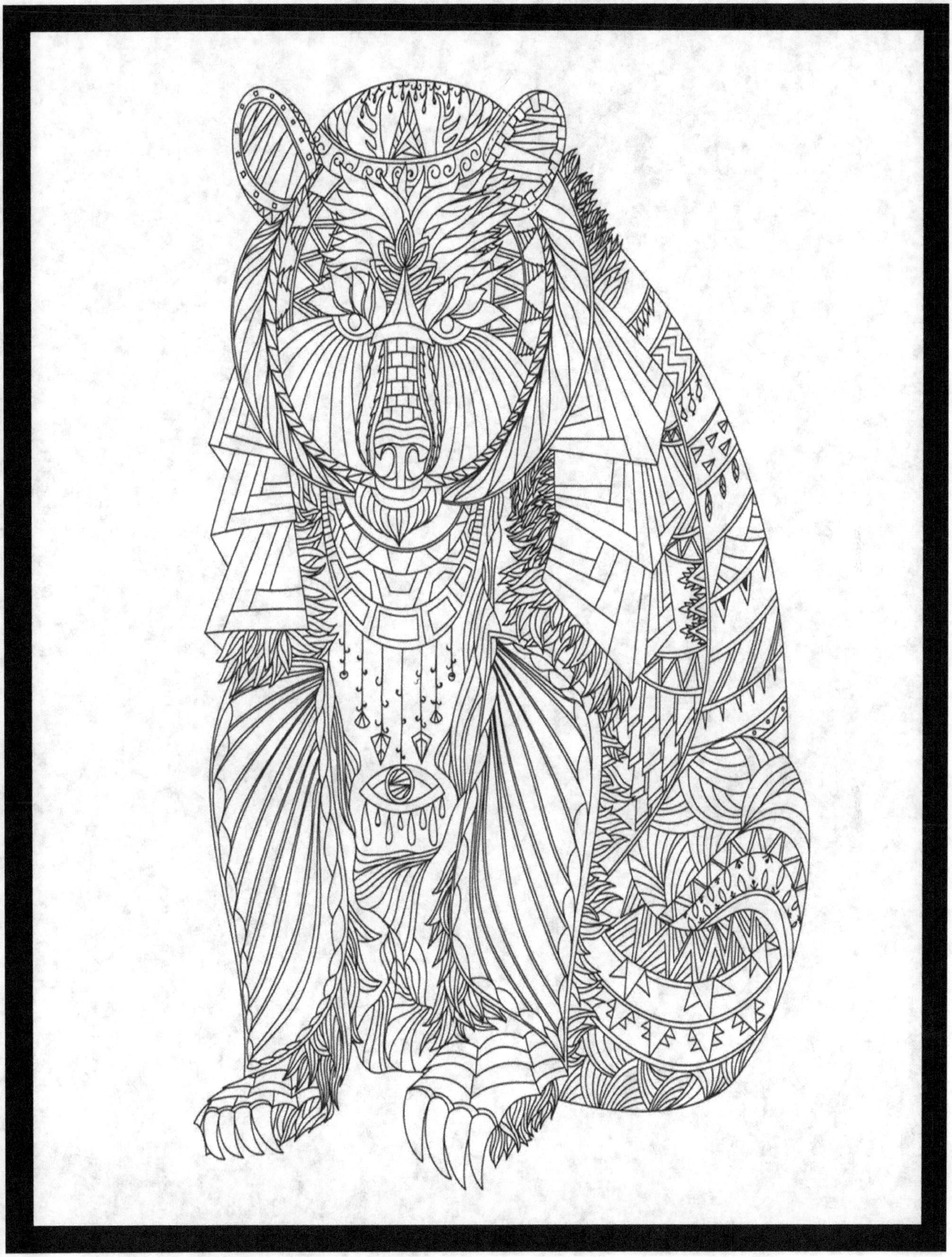

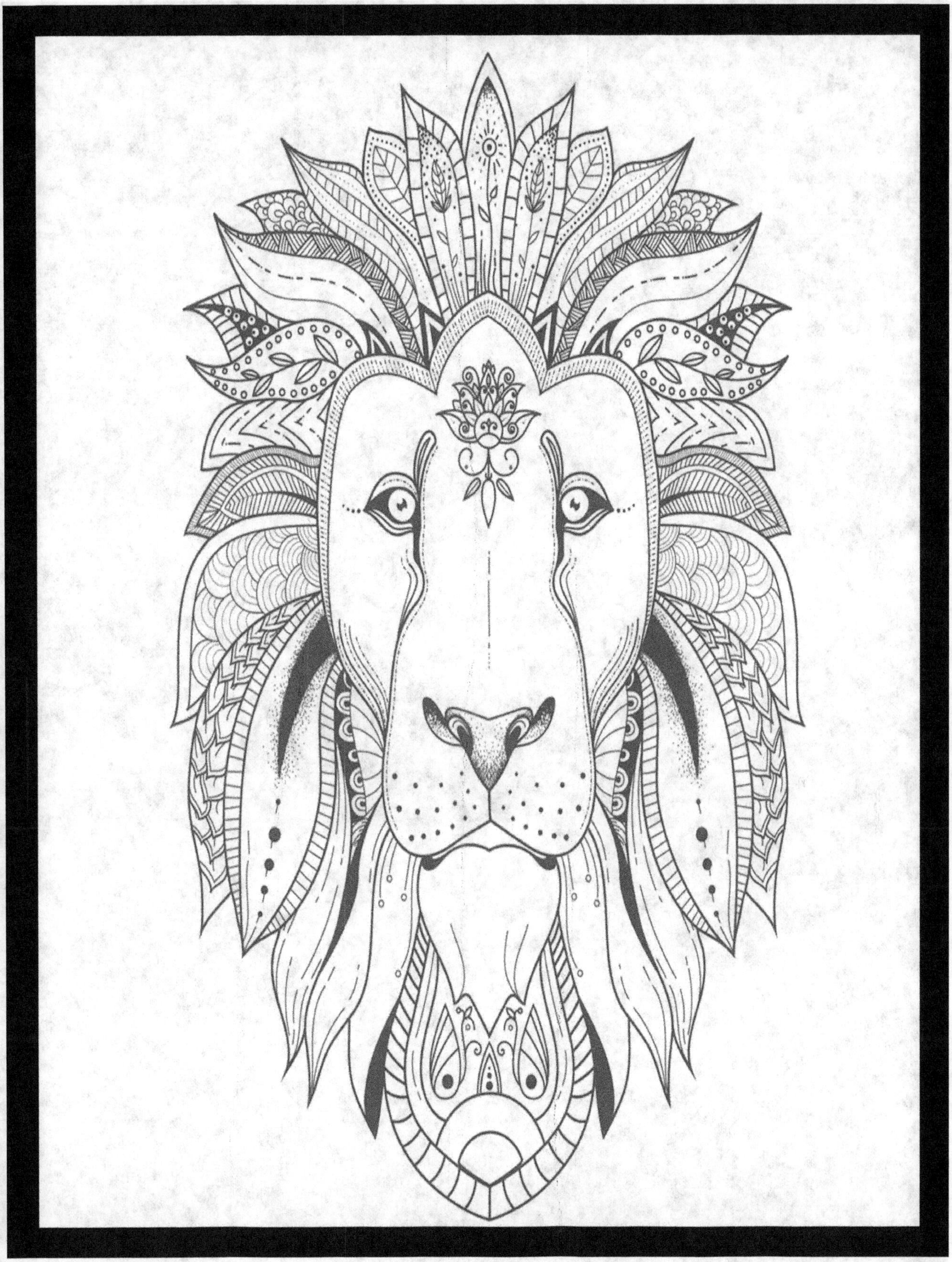

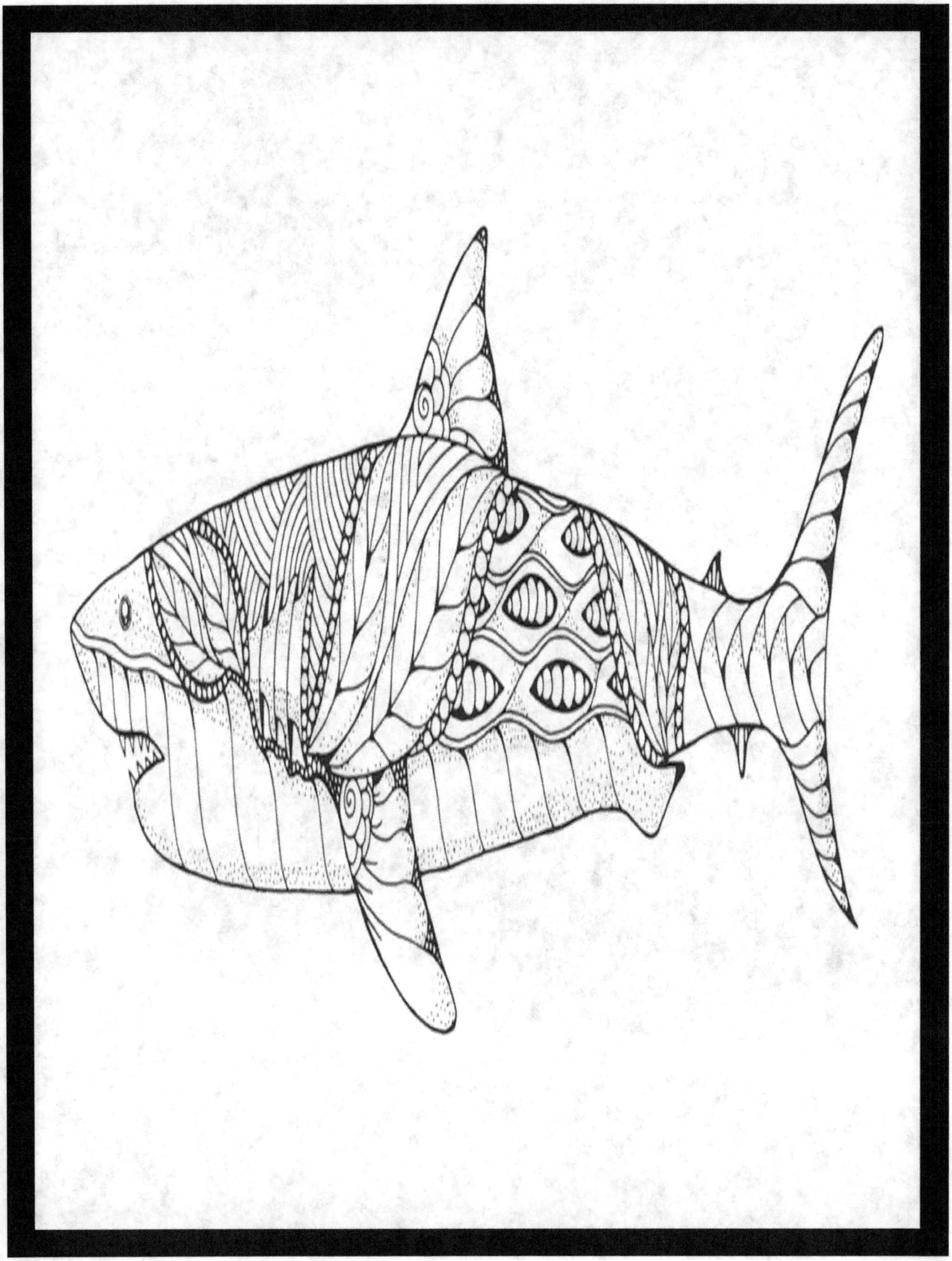

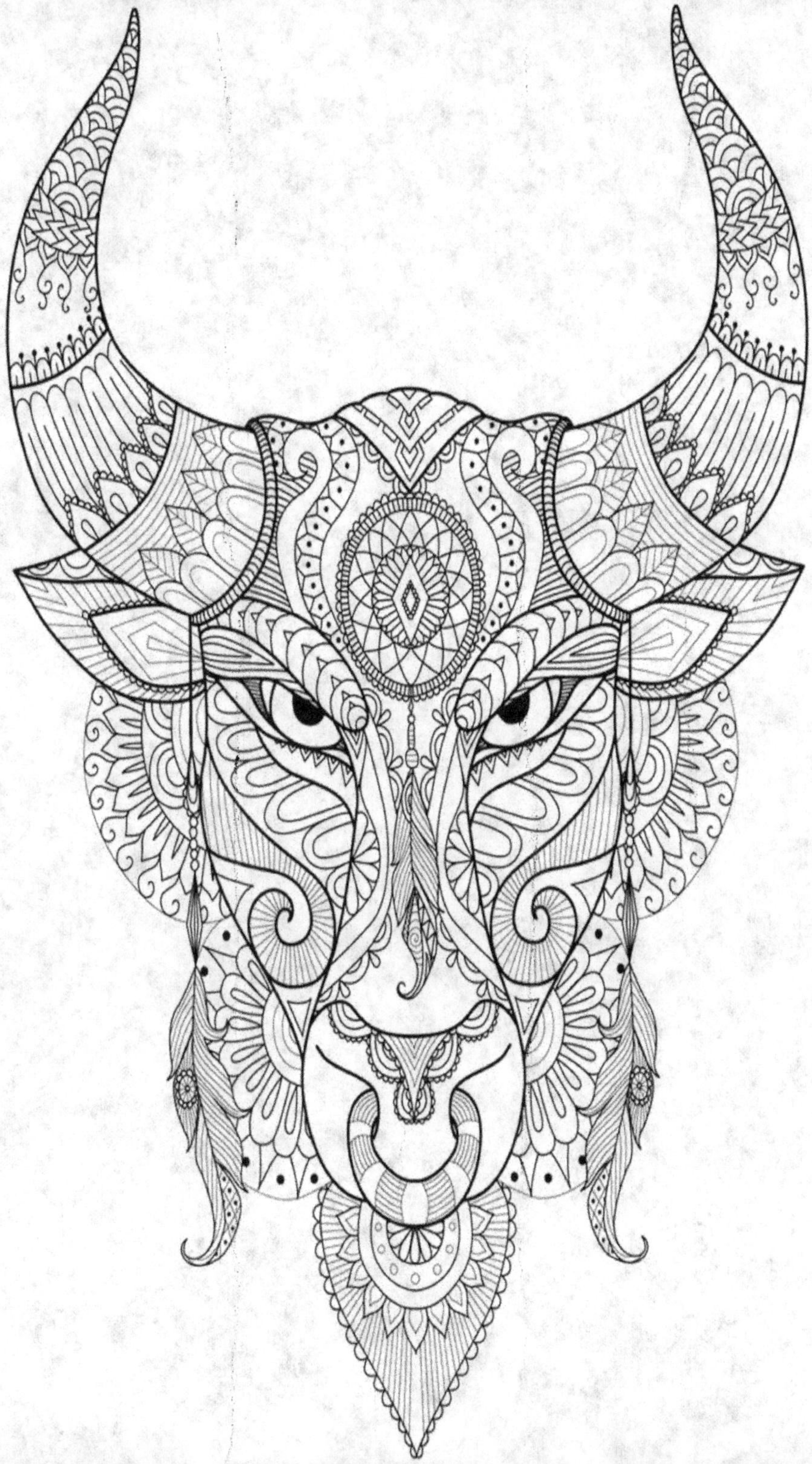

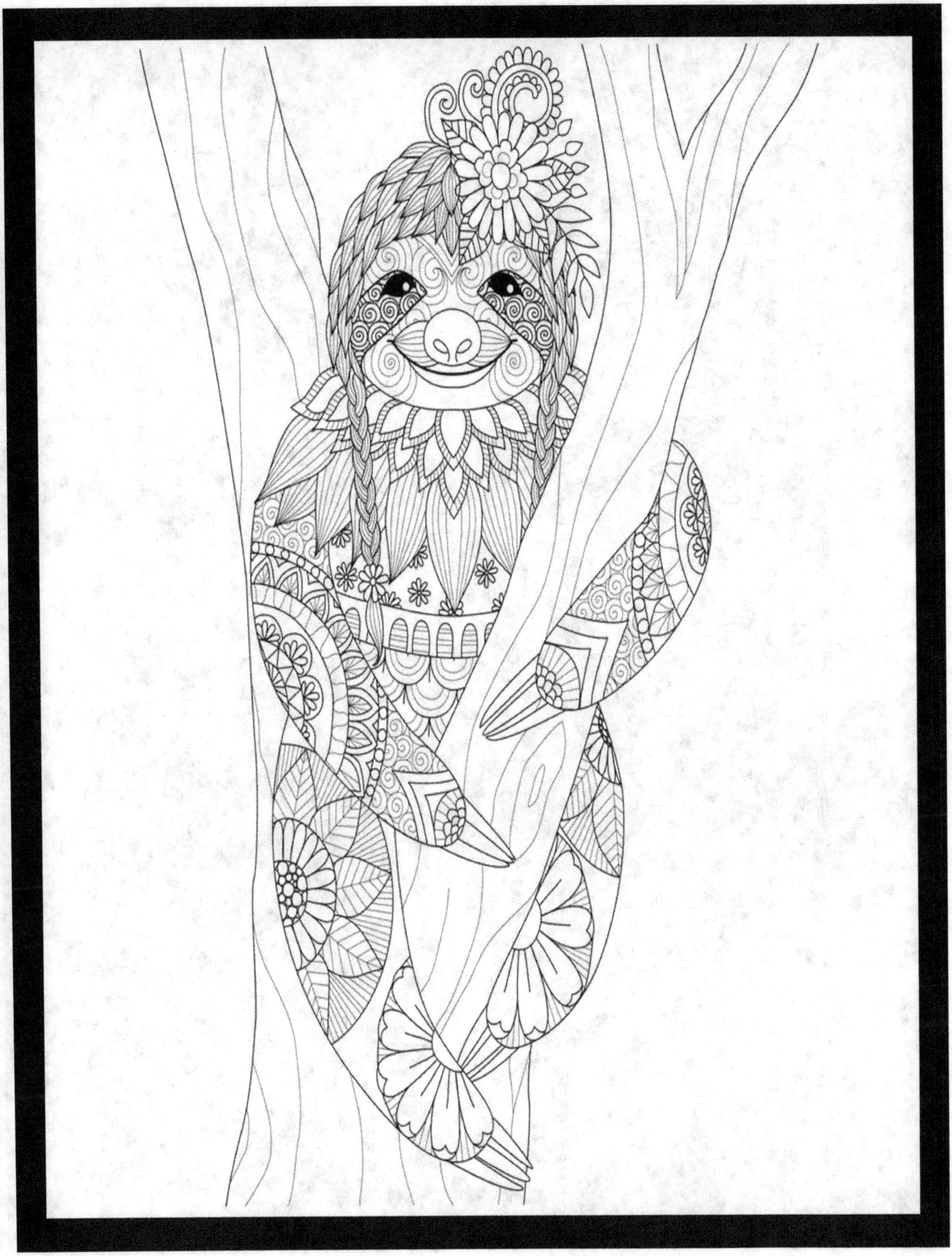

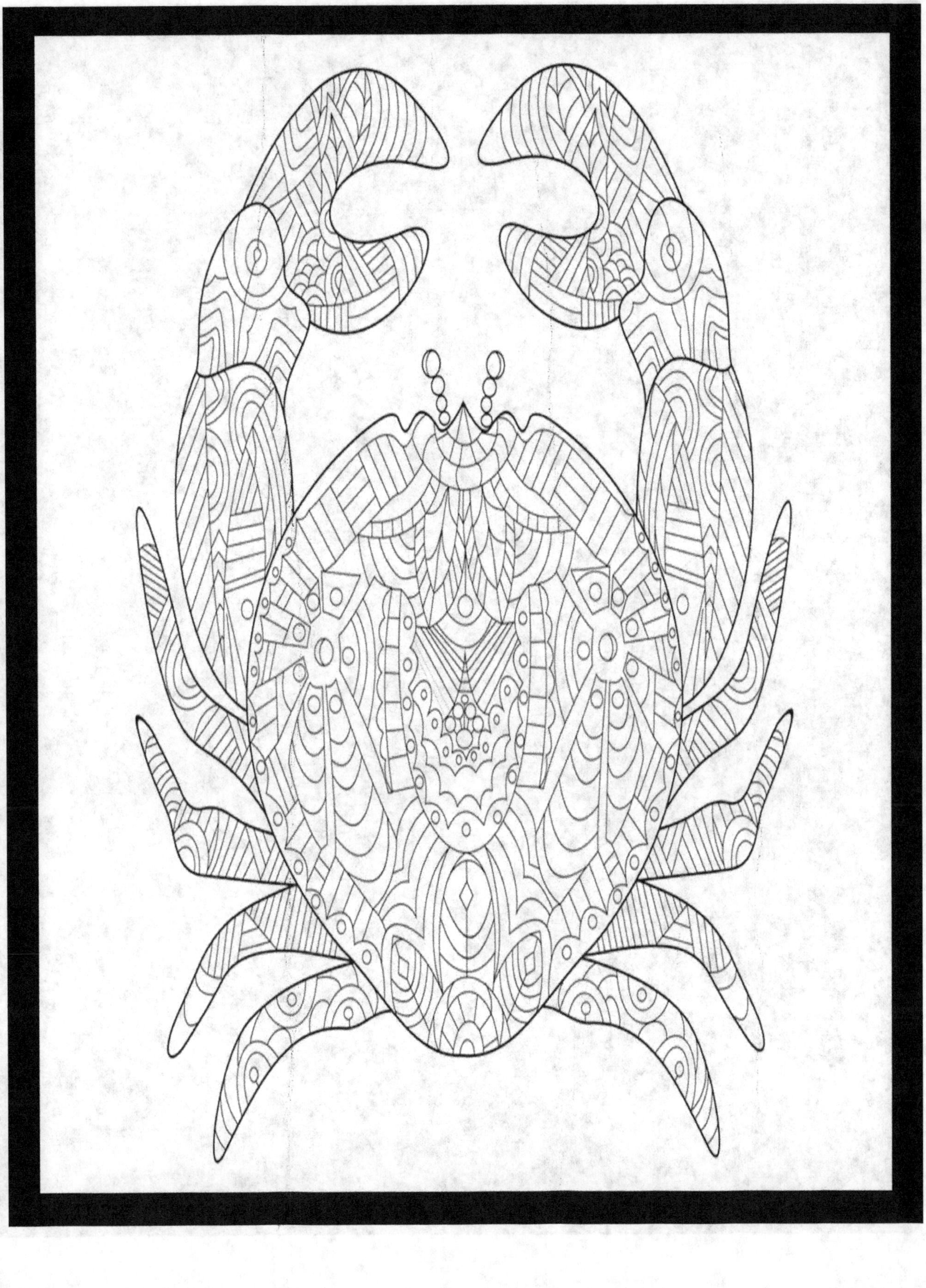

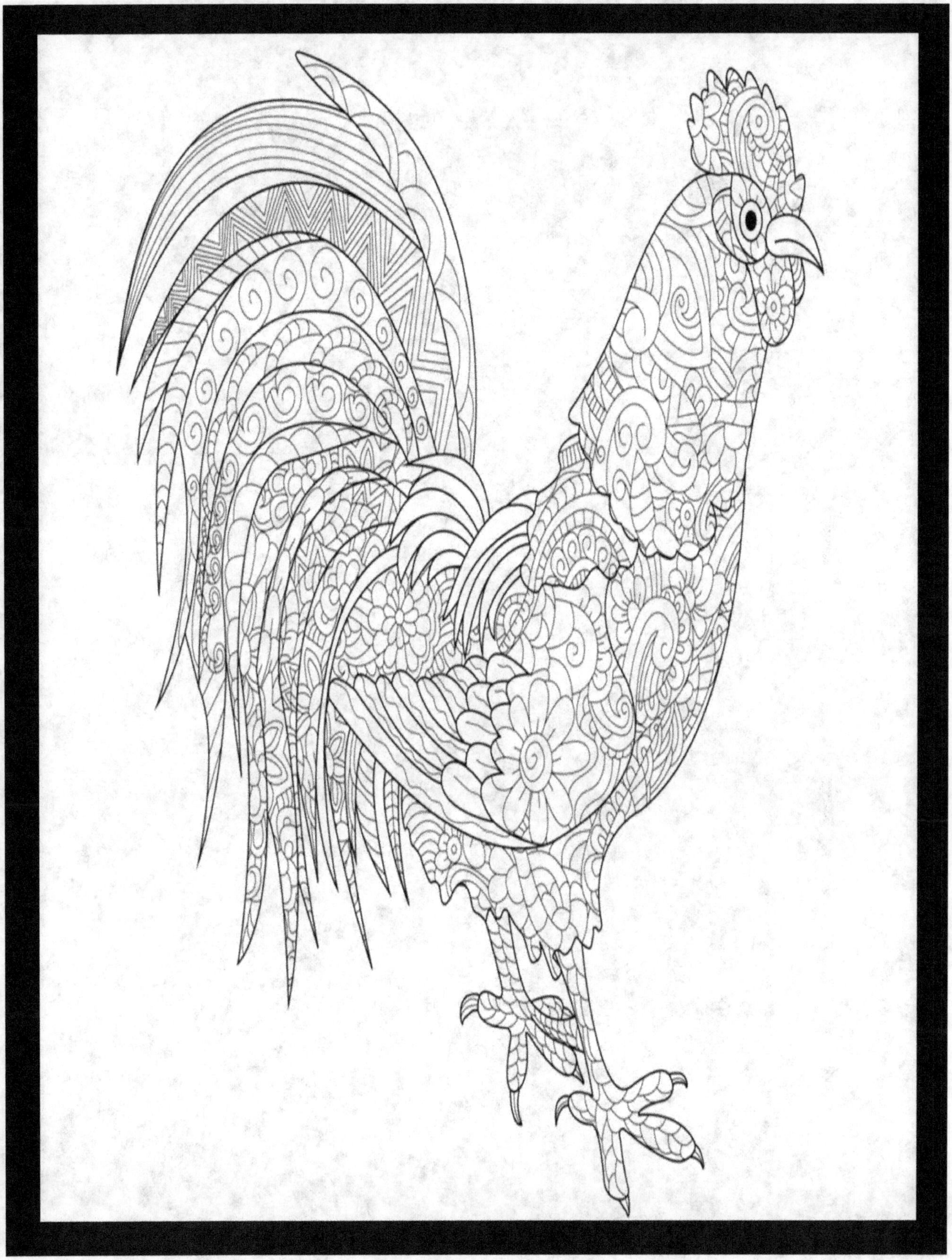

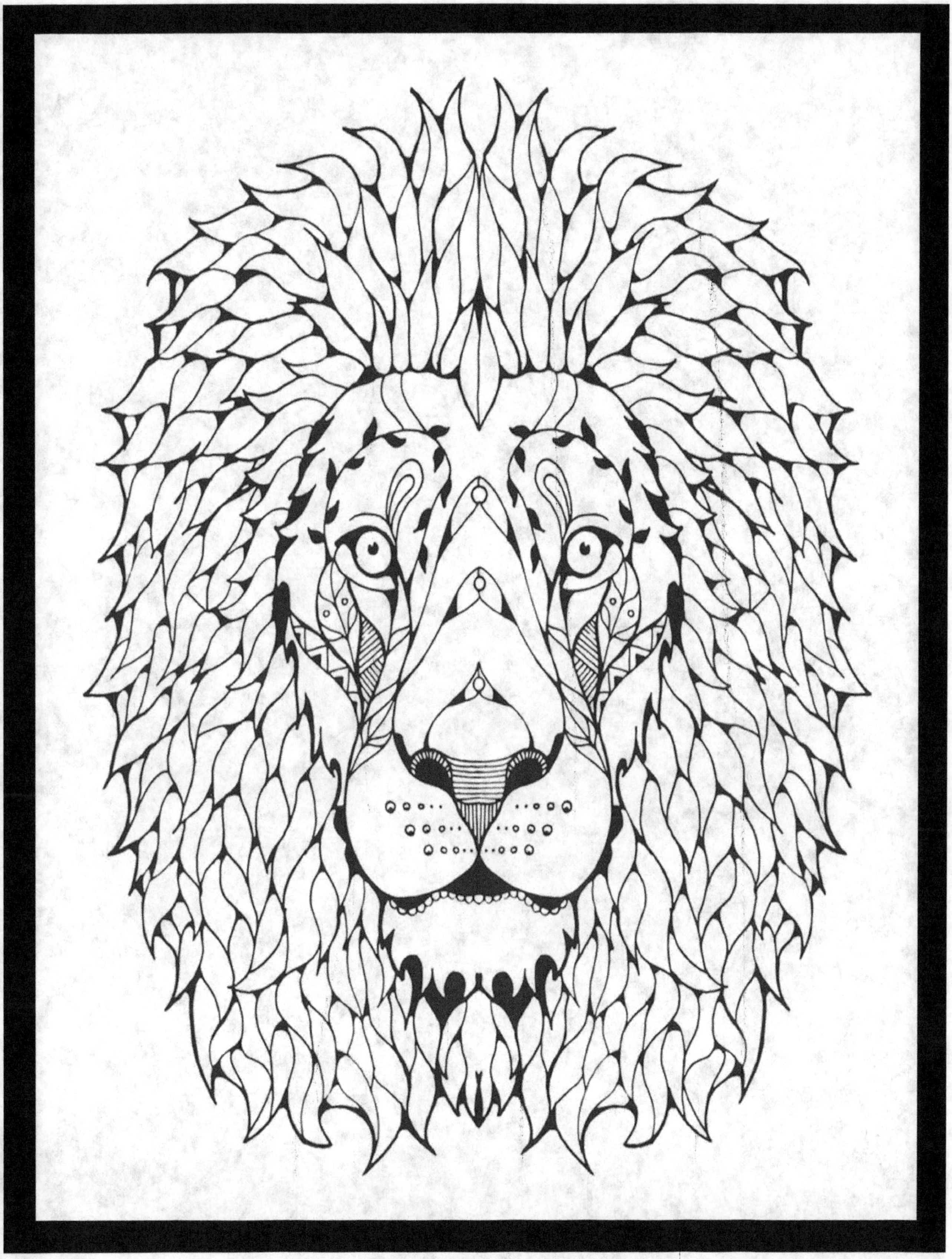

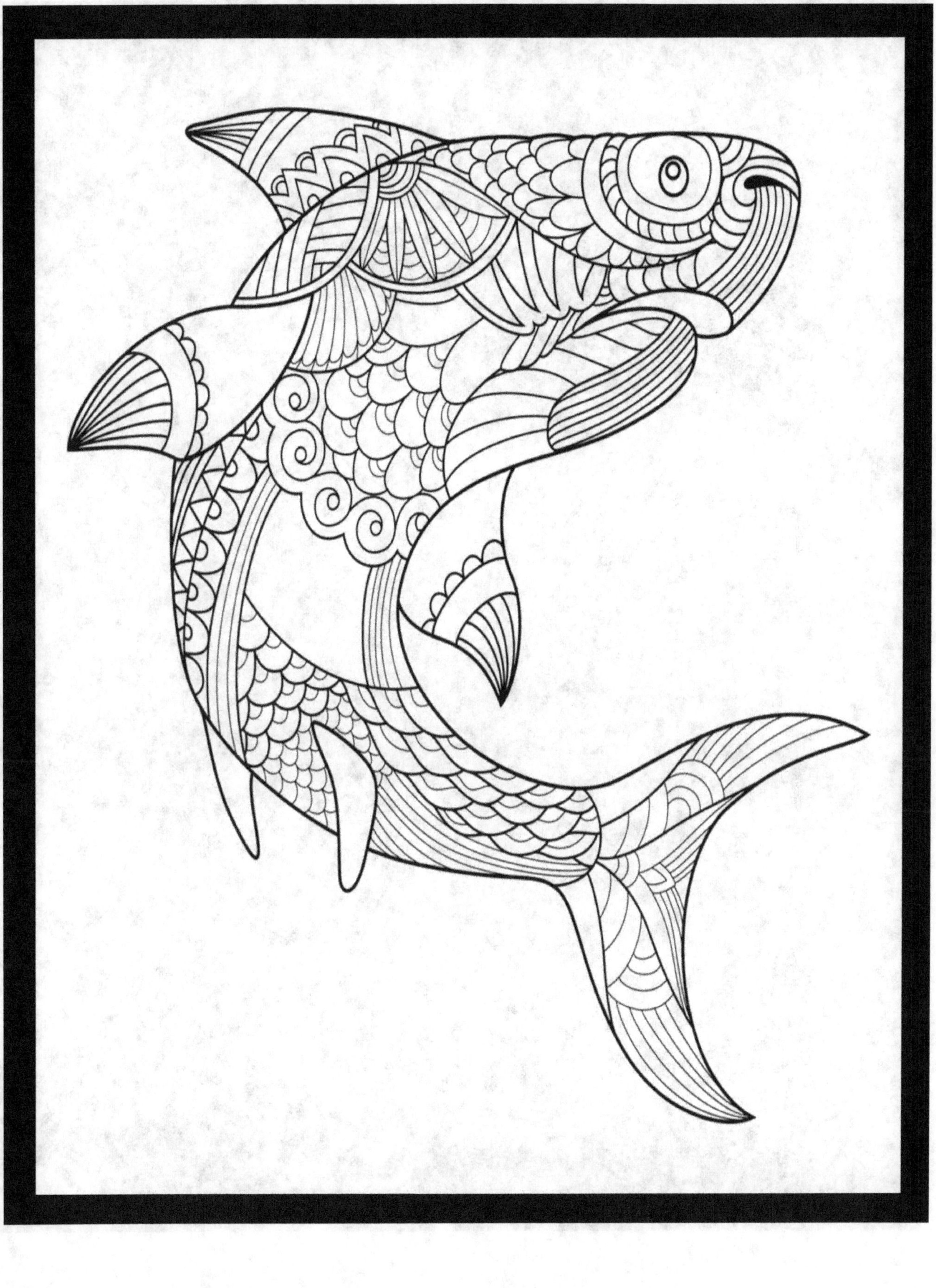

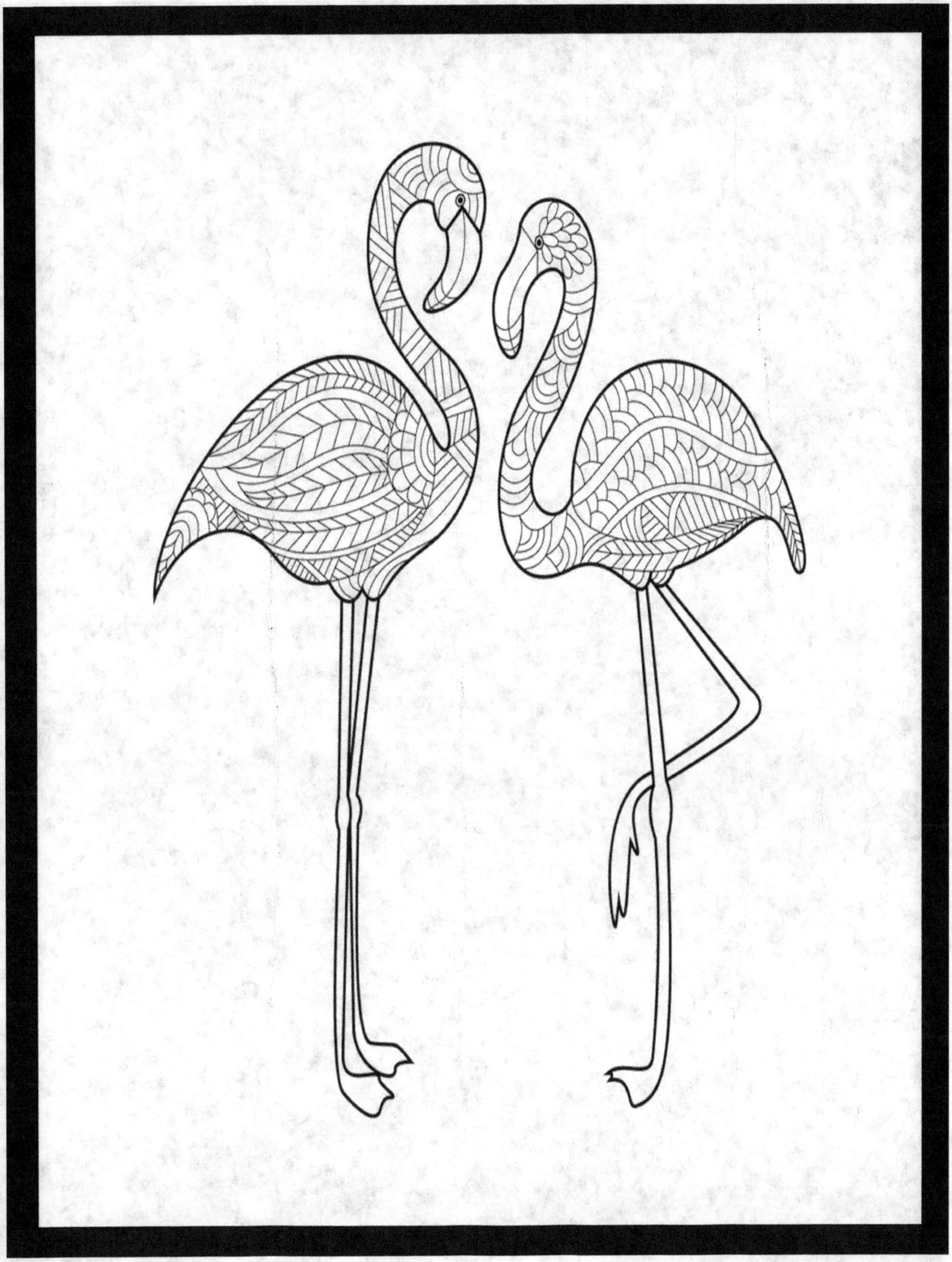

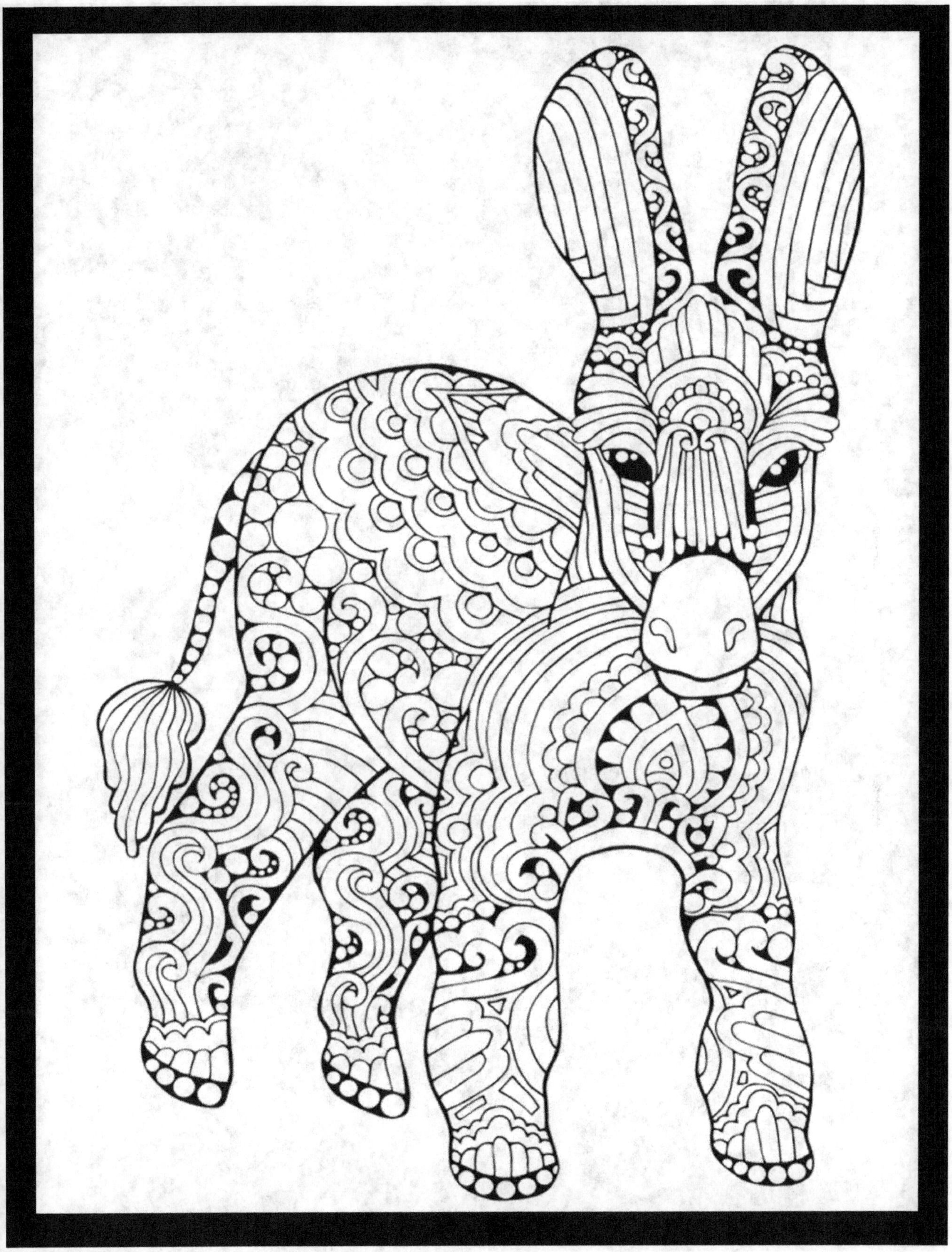

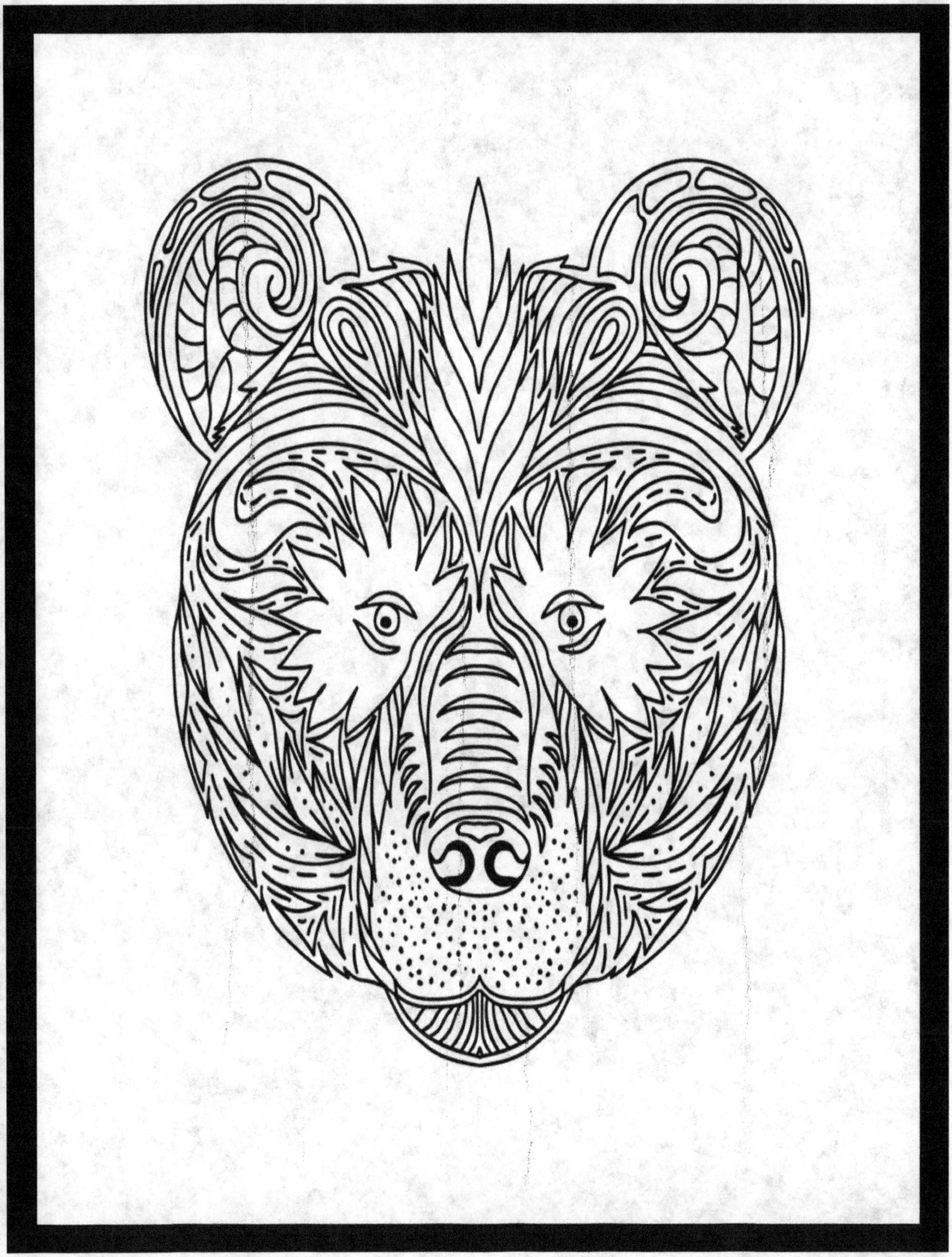

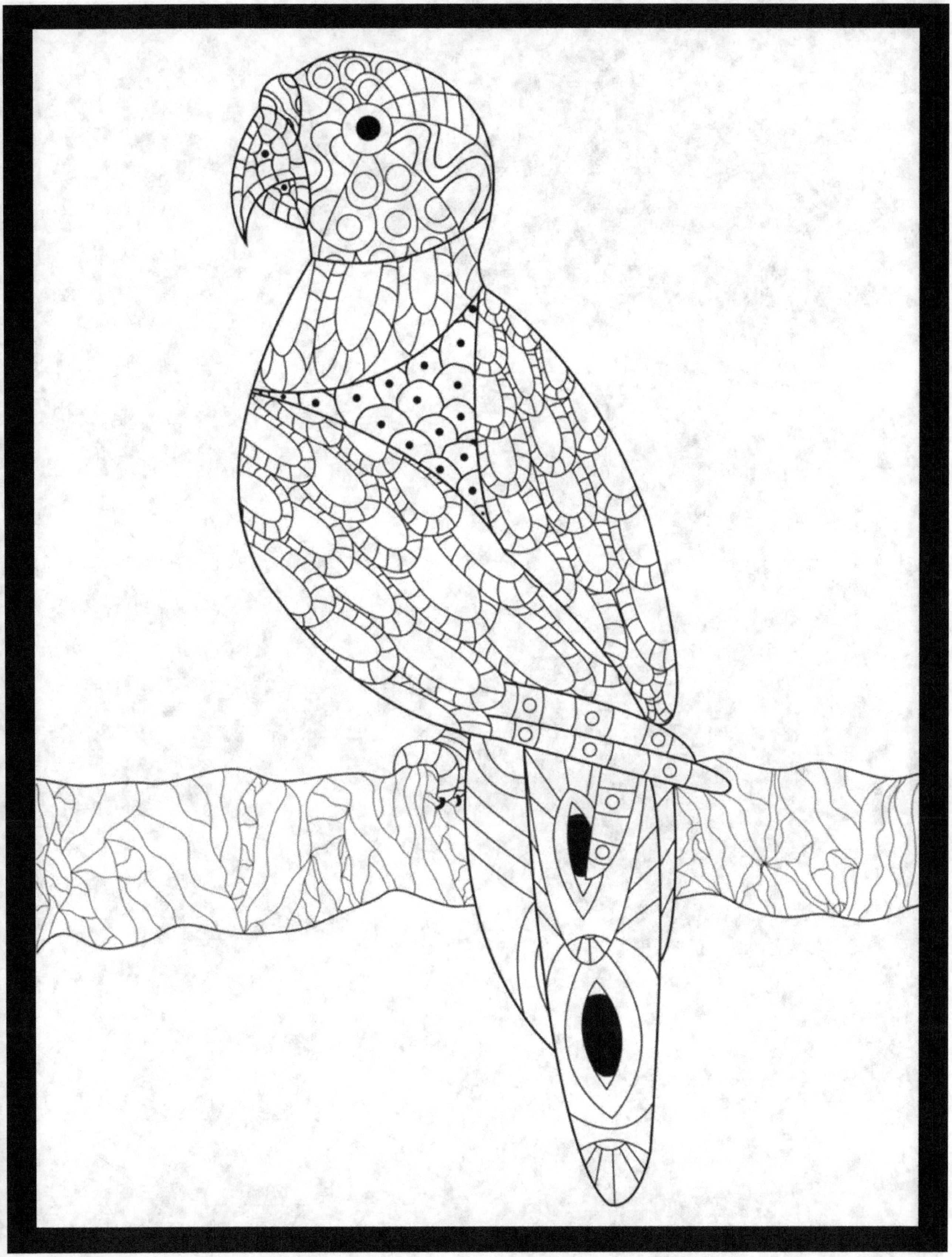

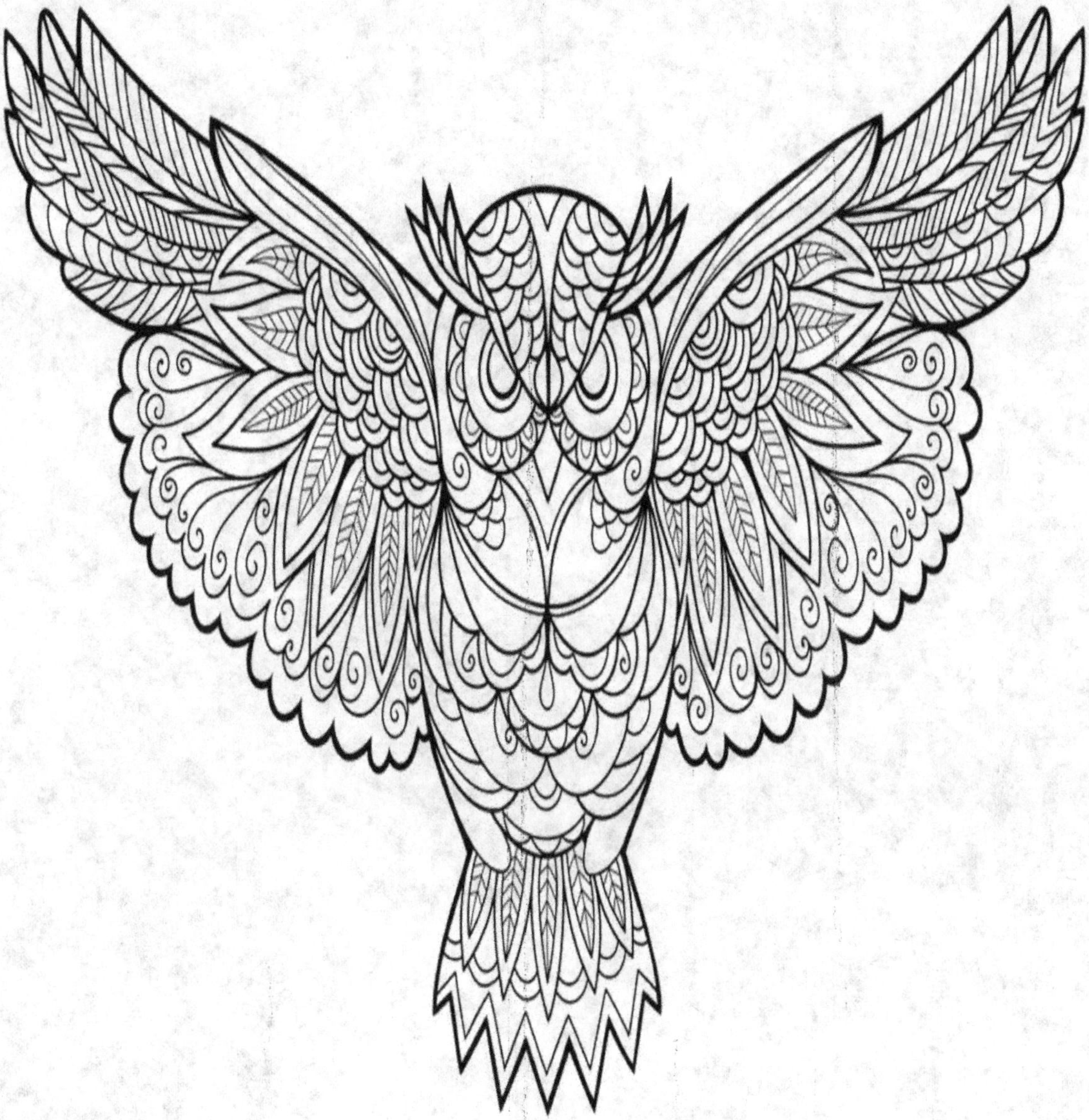

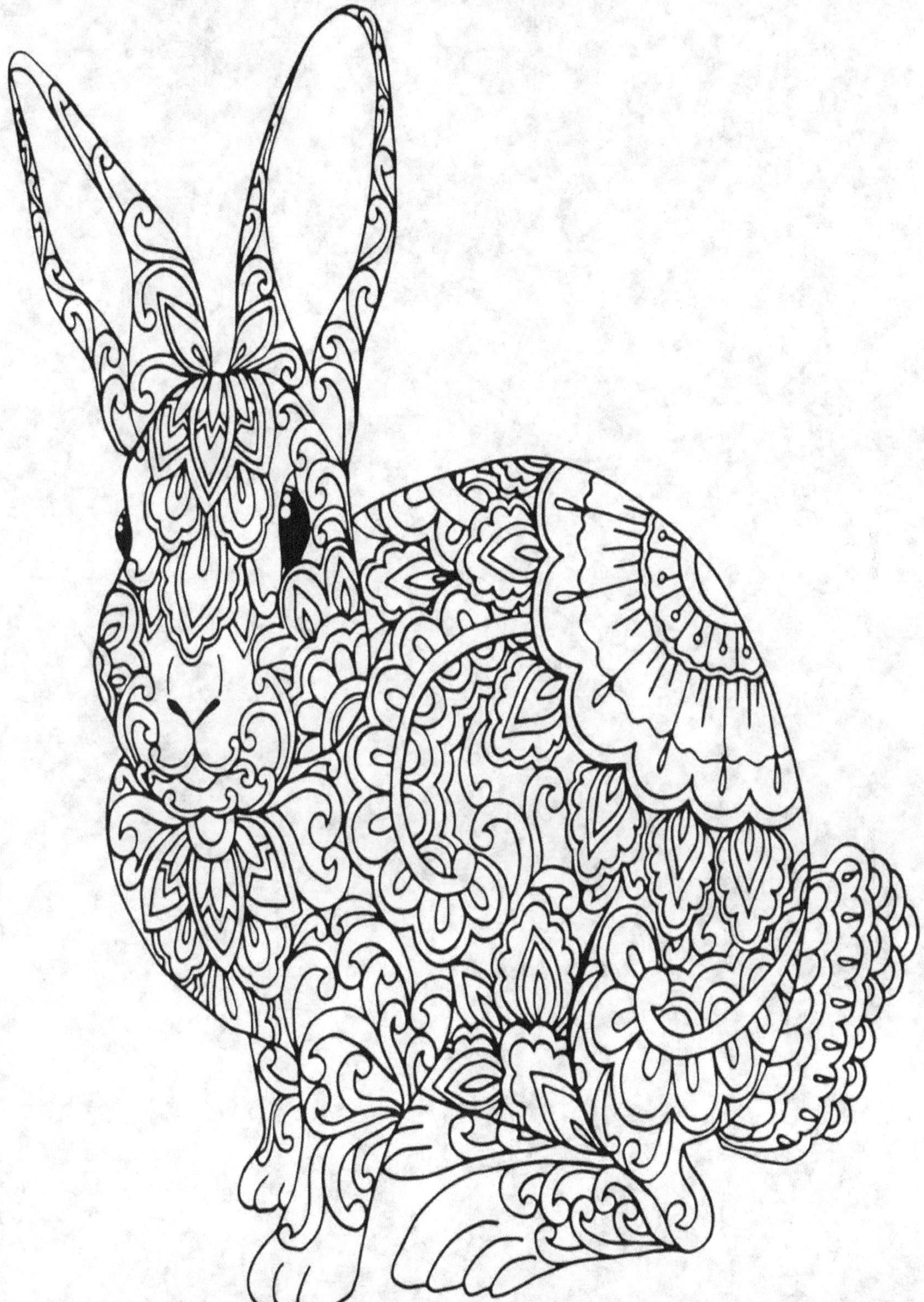

[redacted]

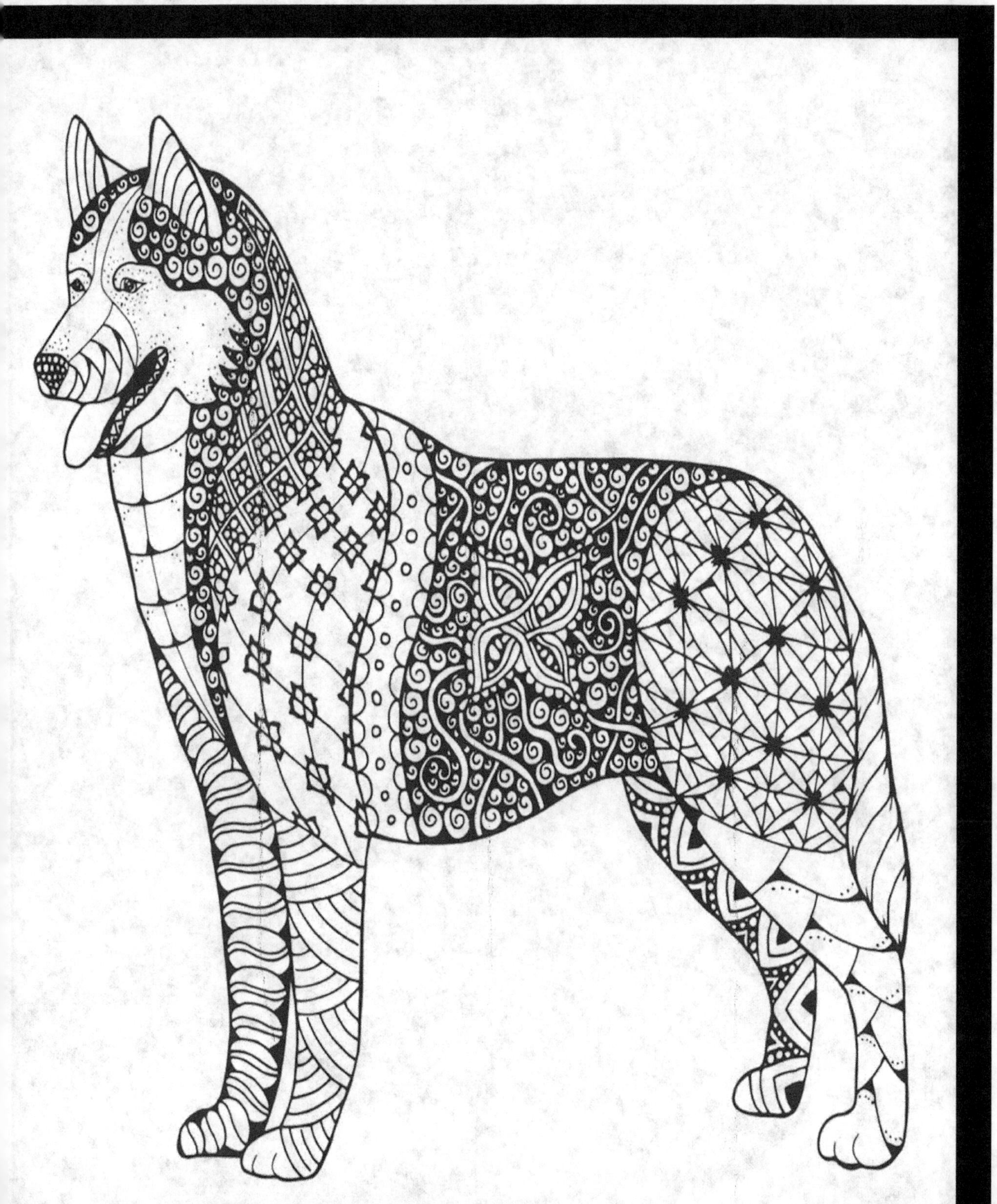

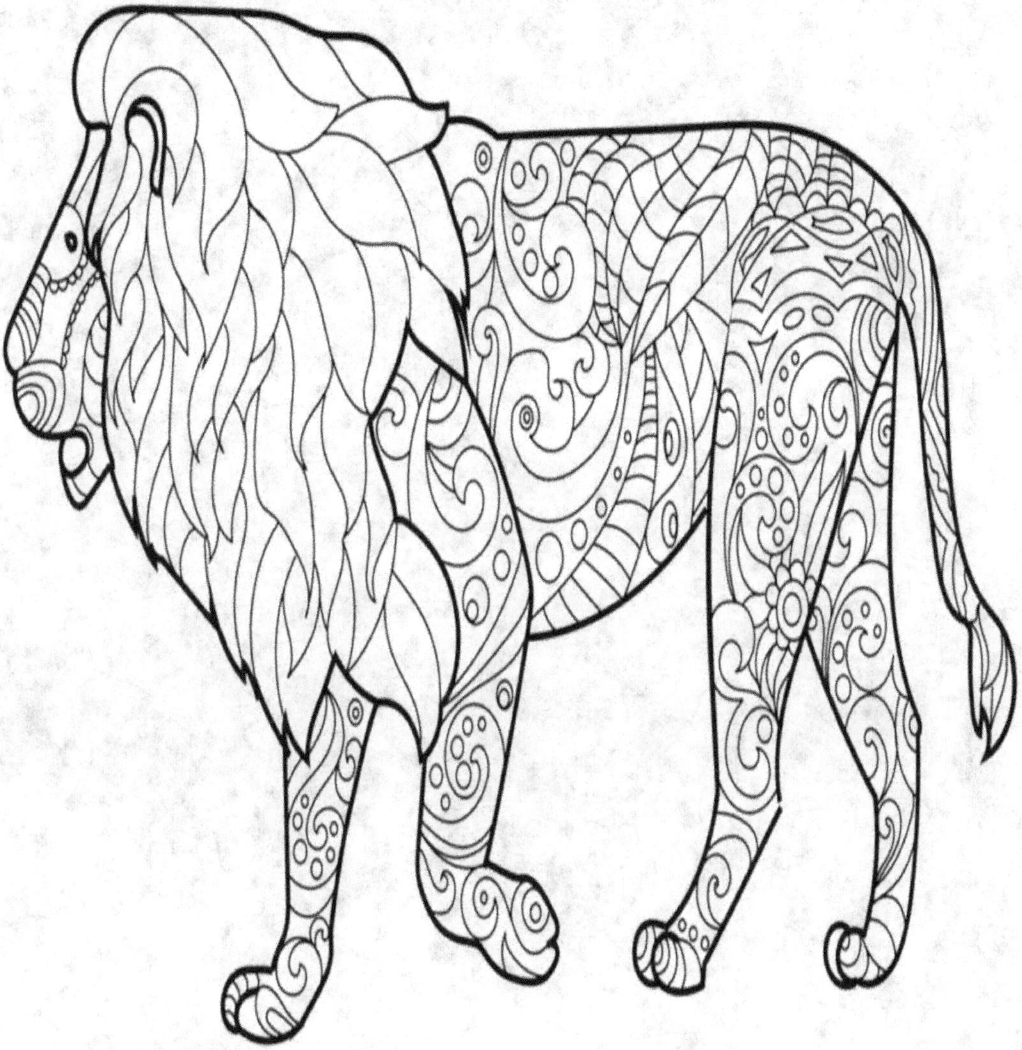

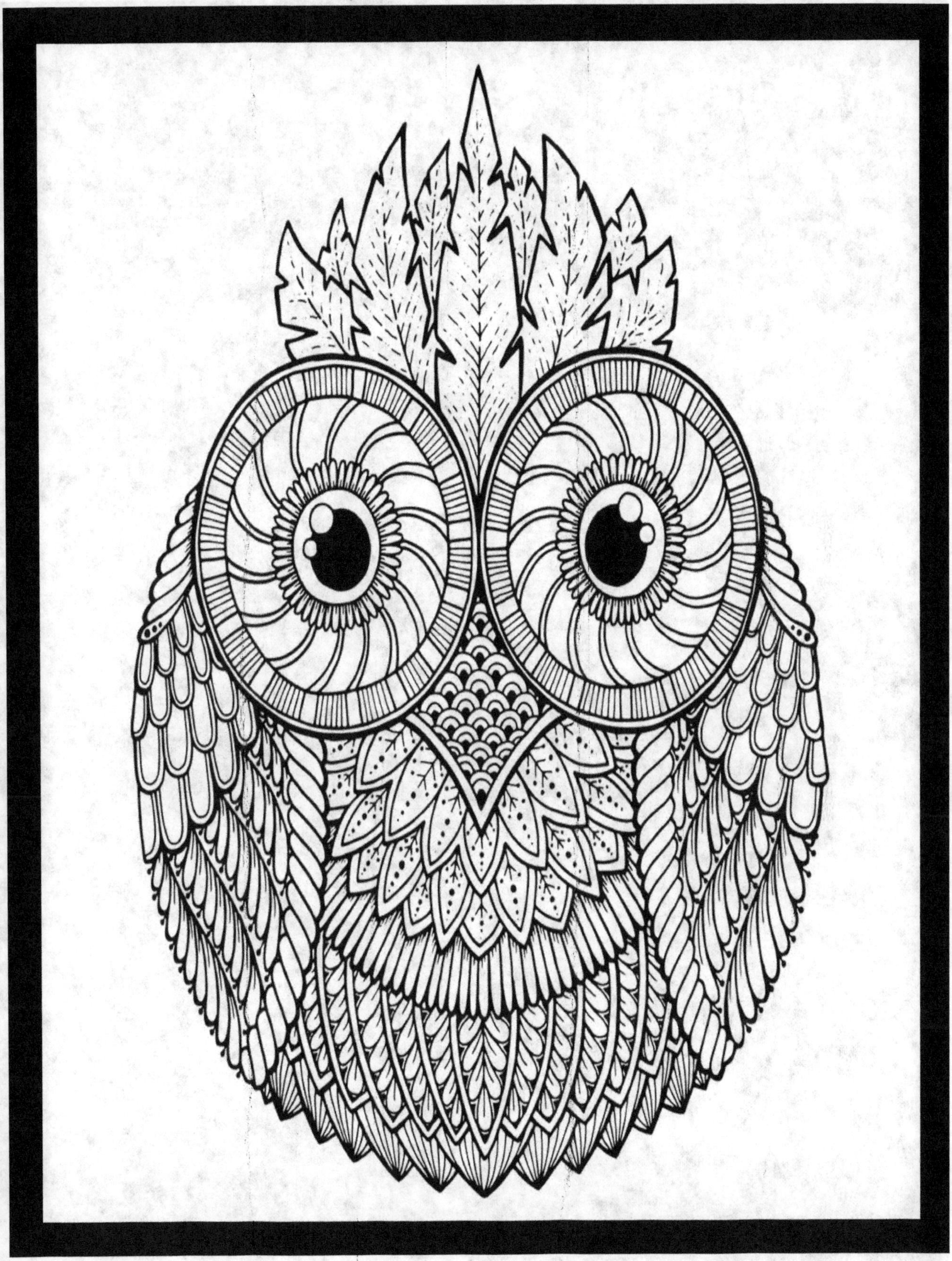

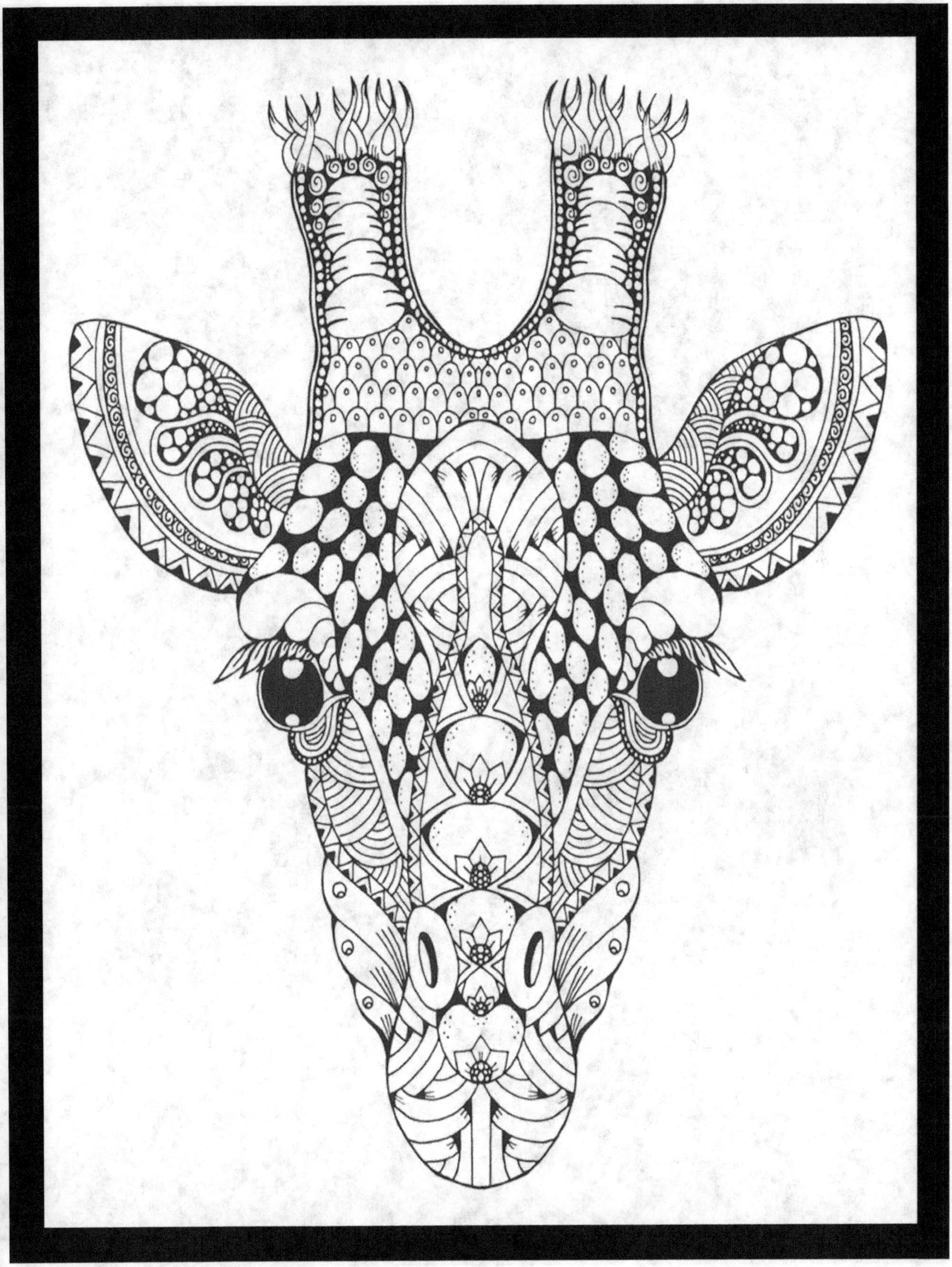

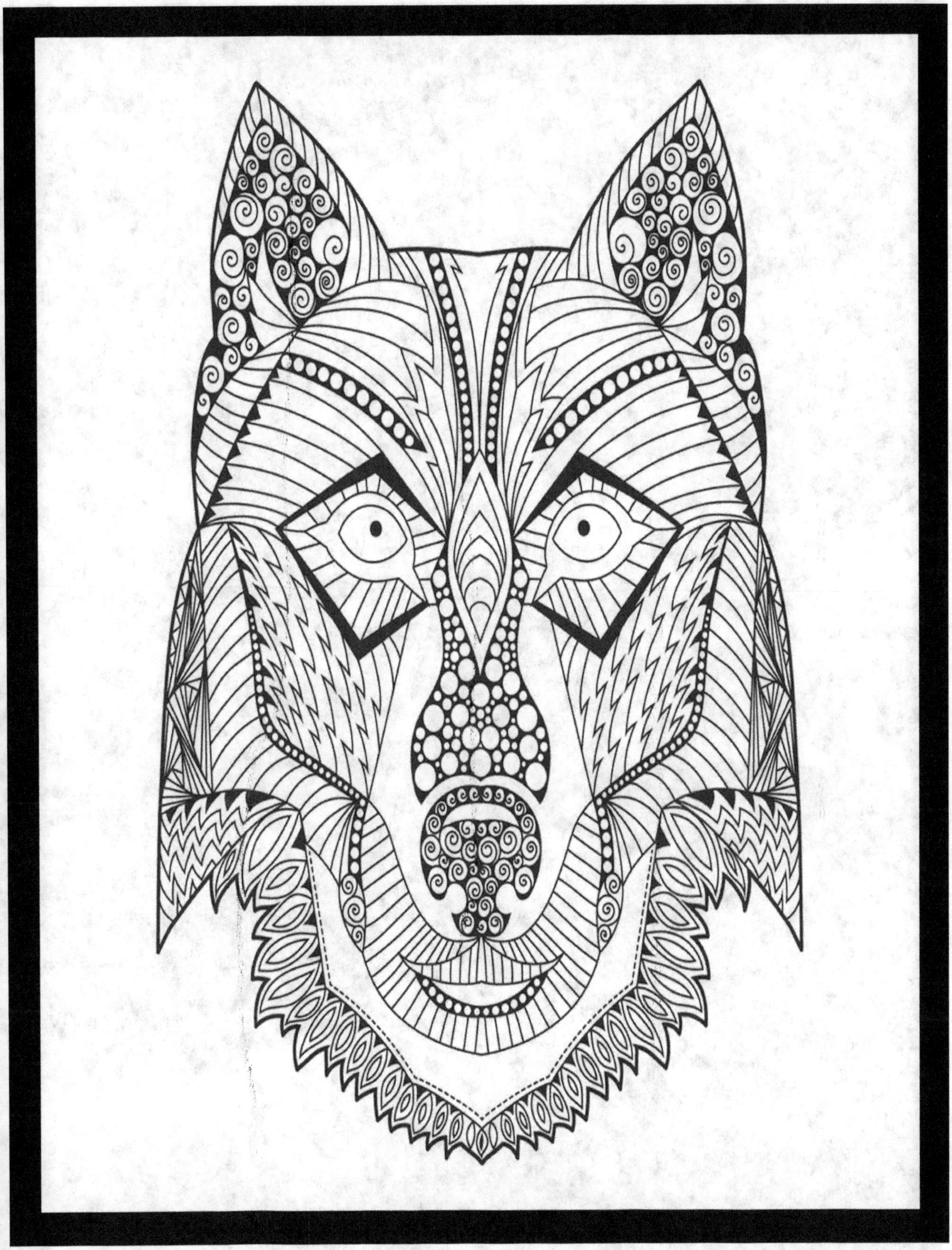

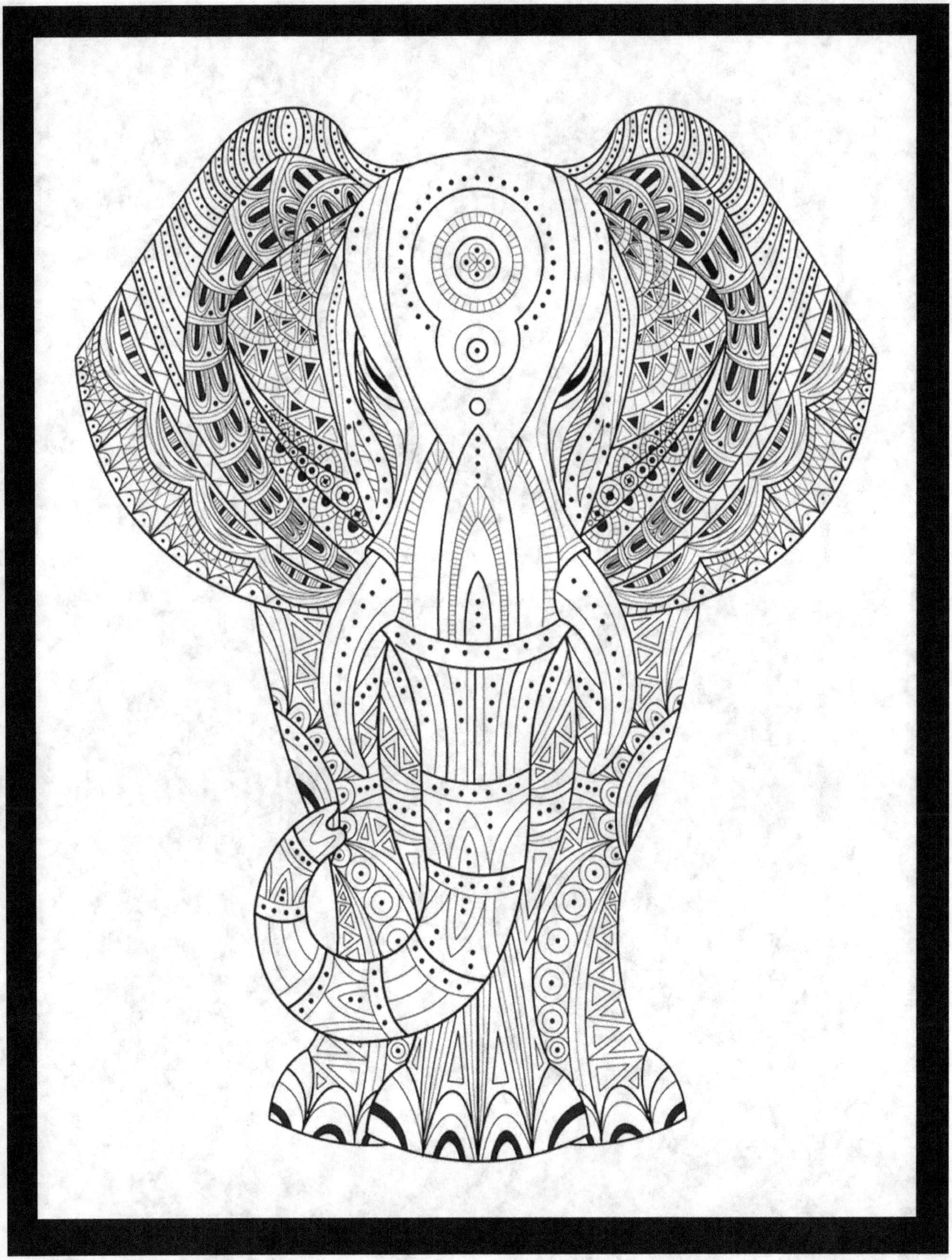

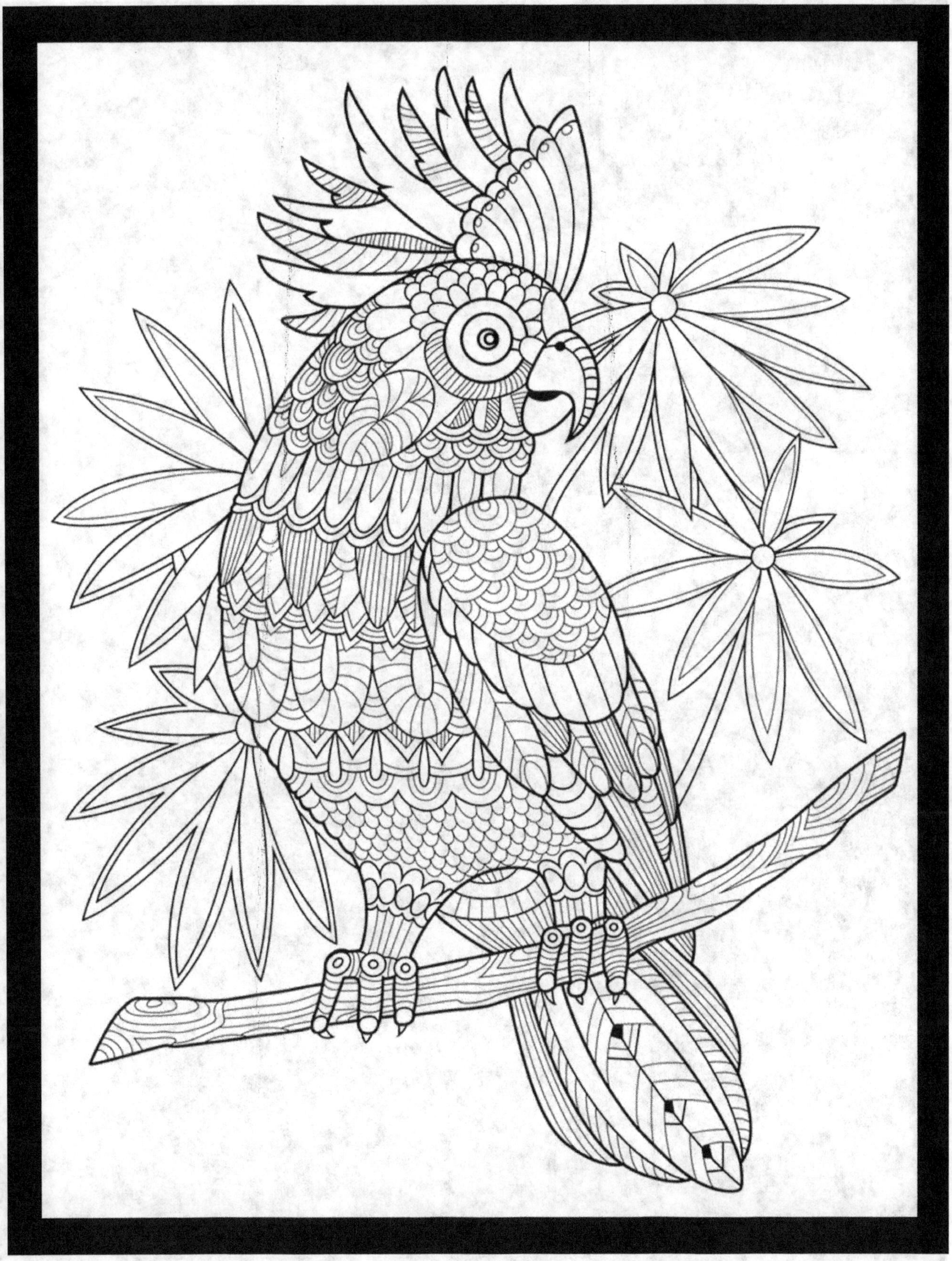

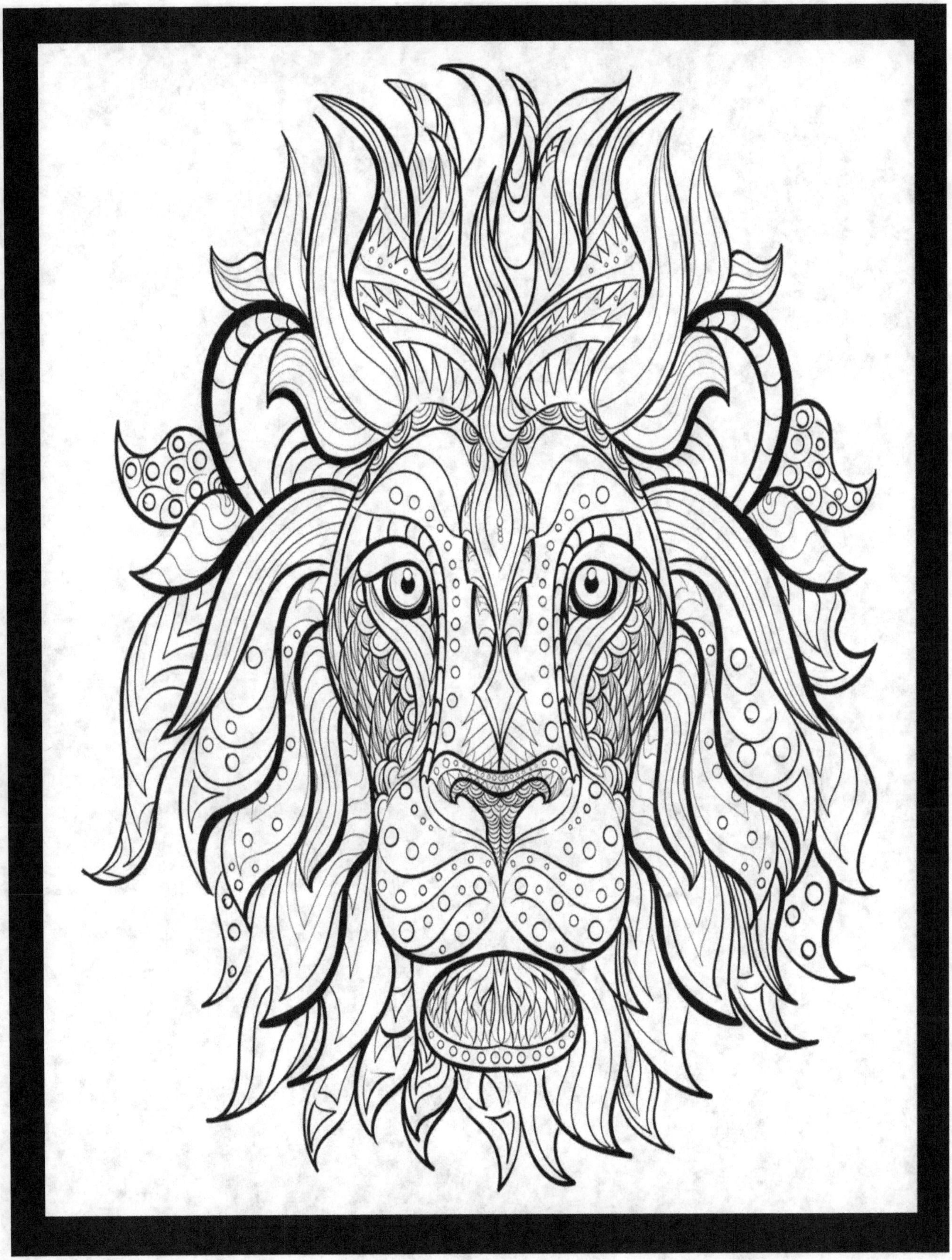

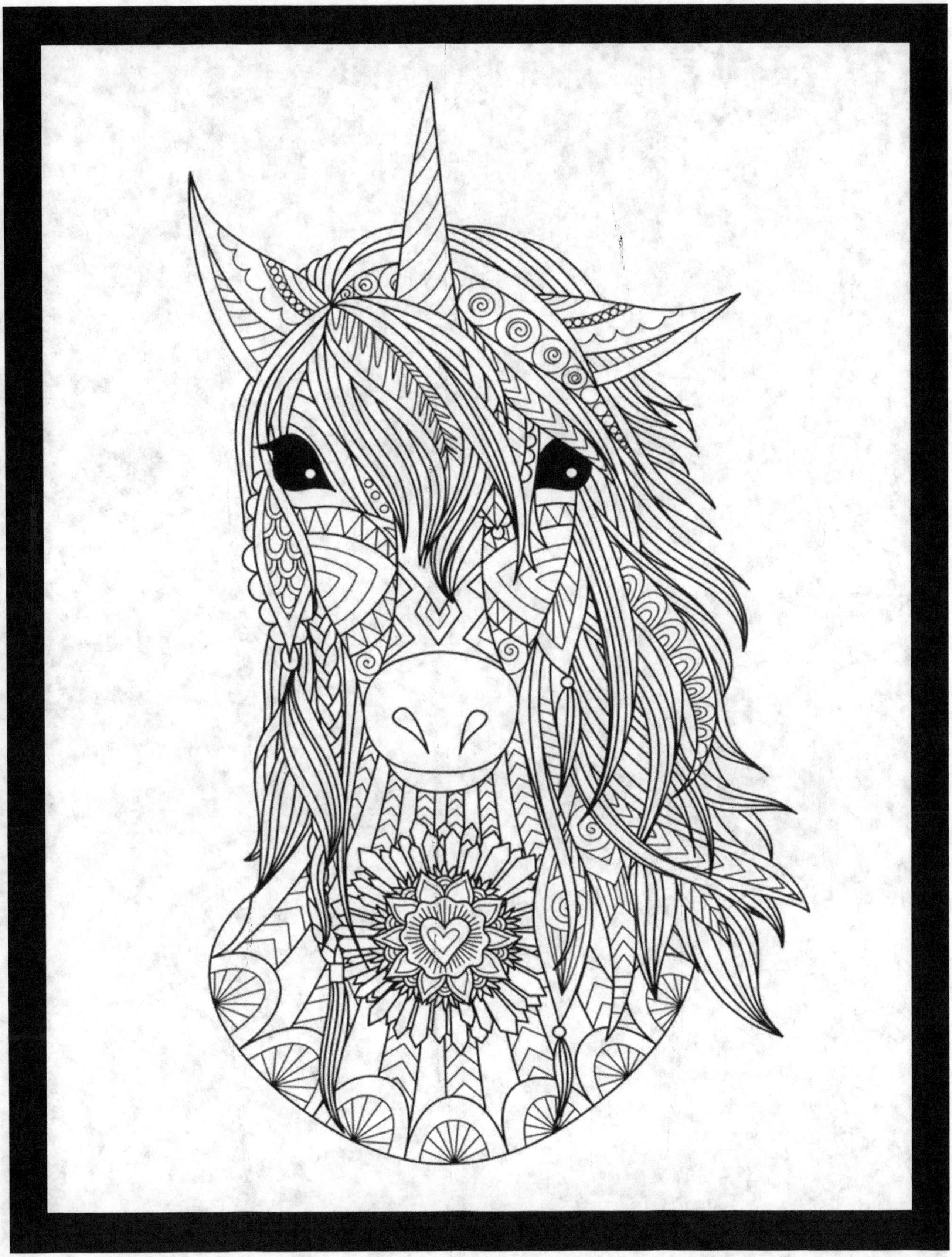

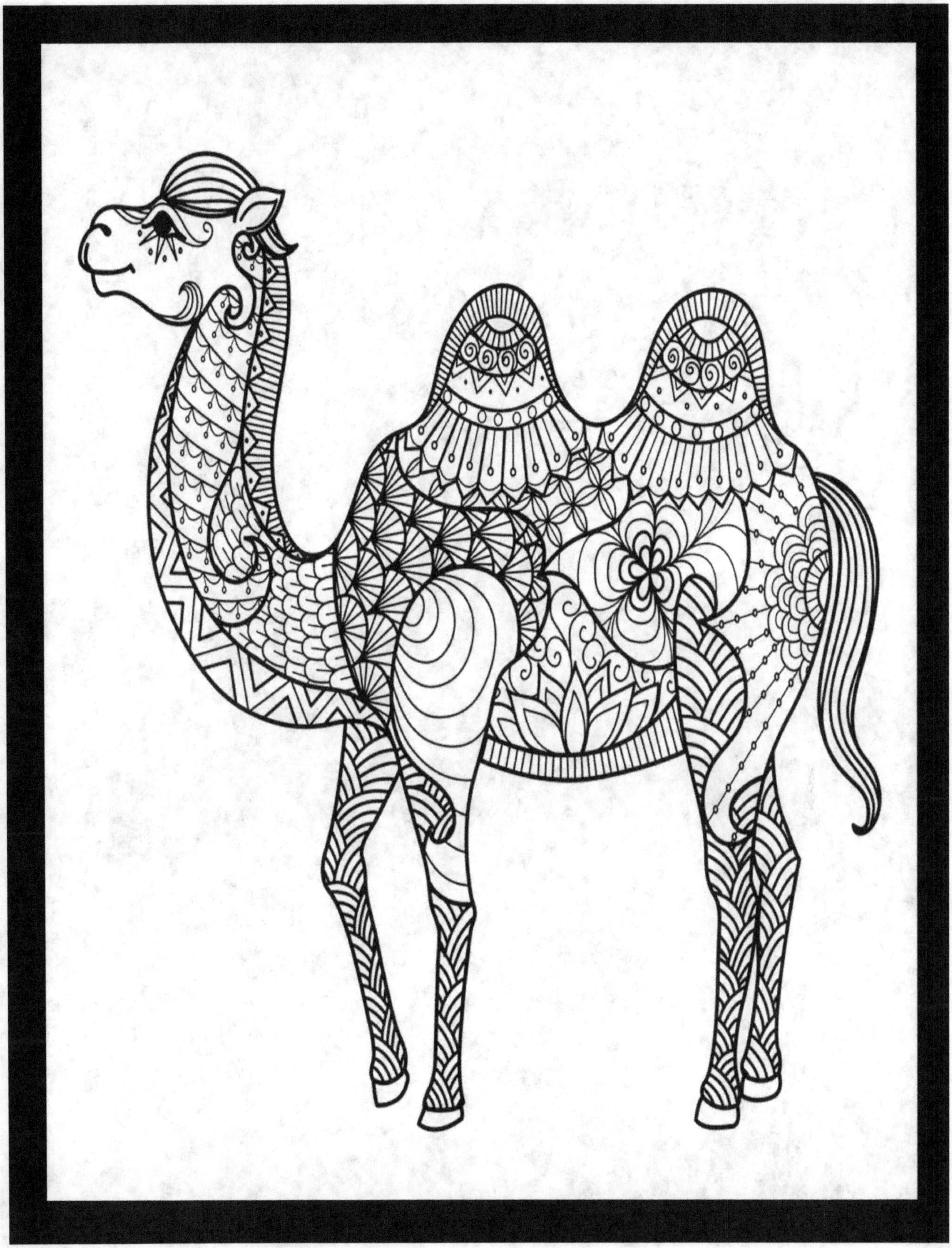

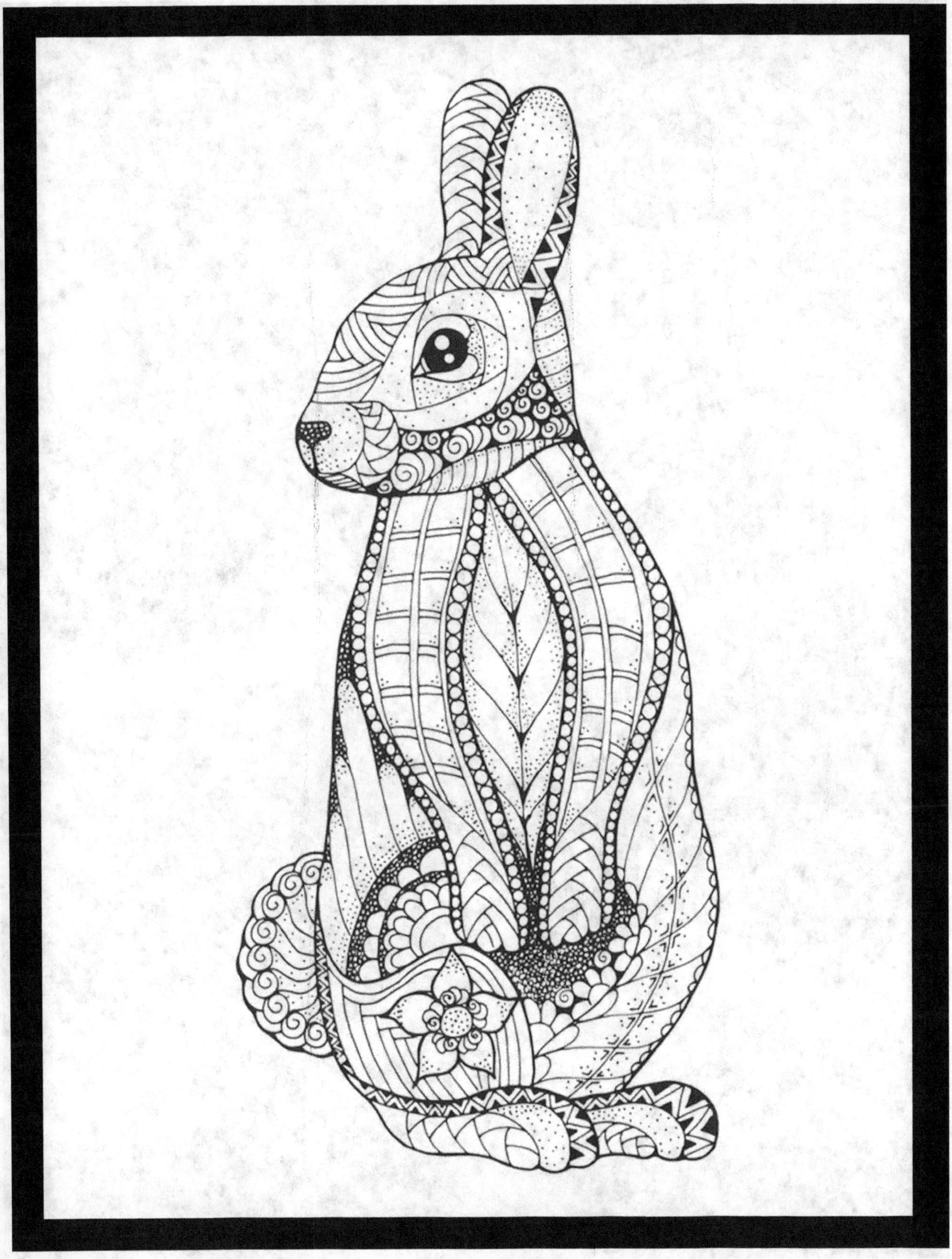

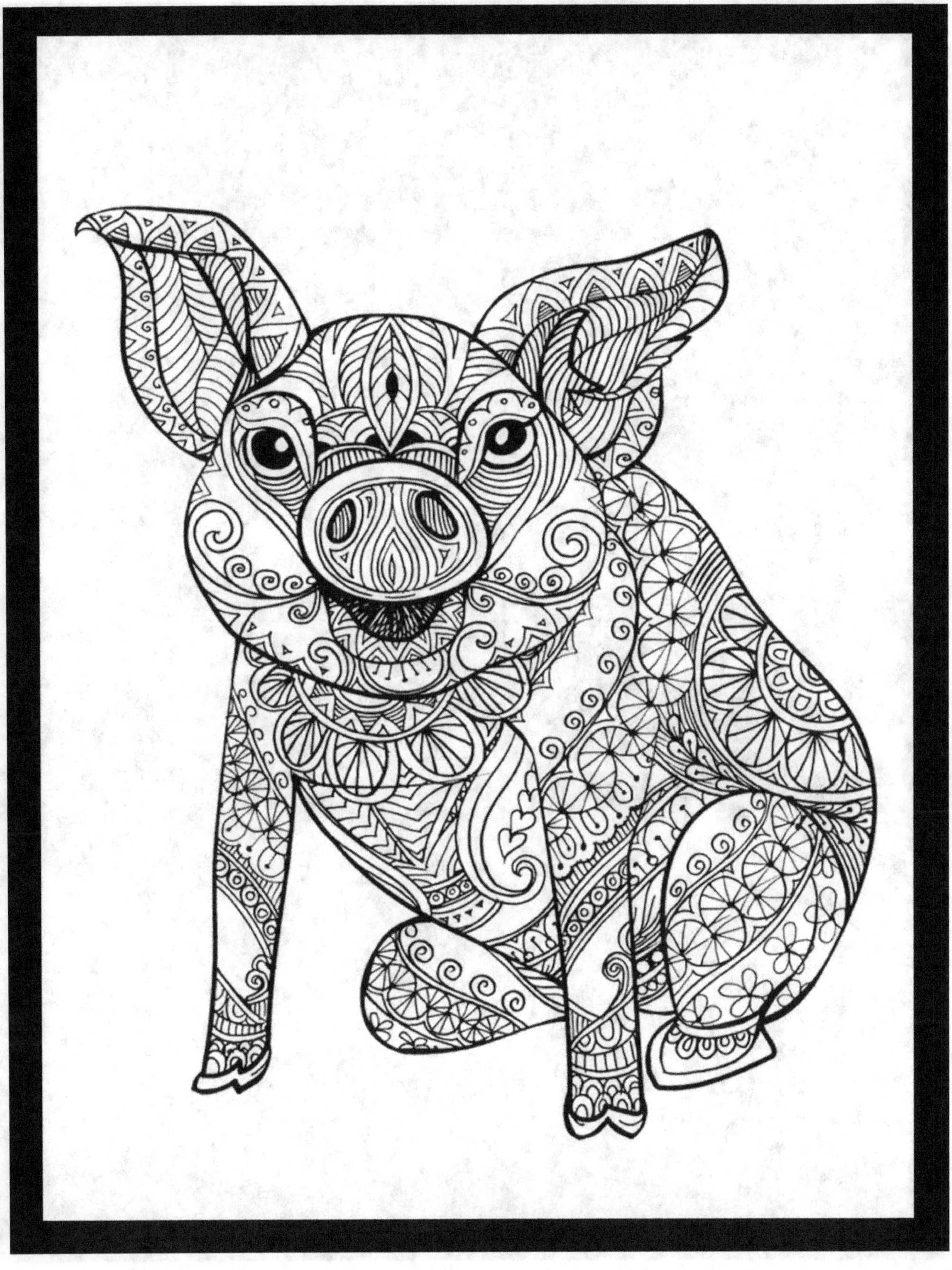

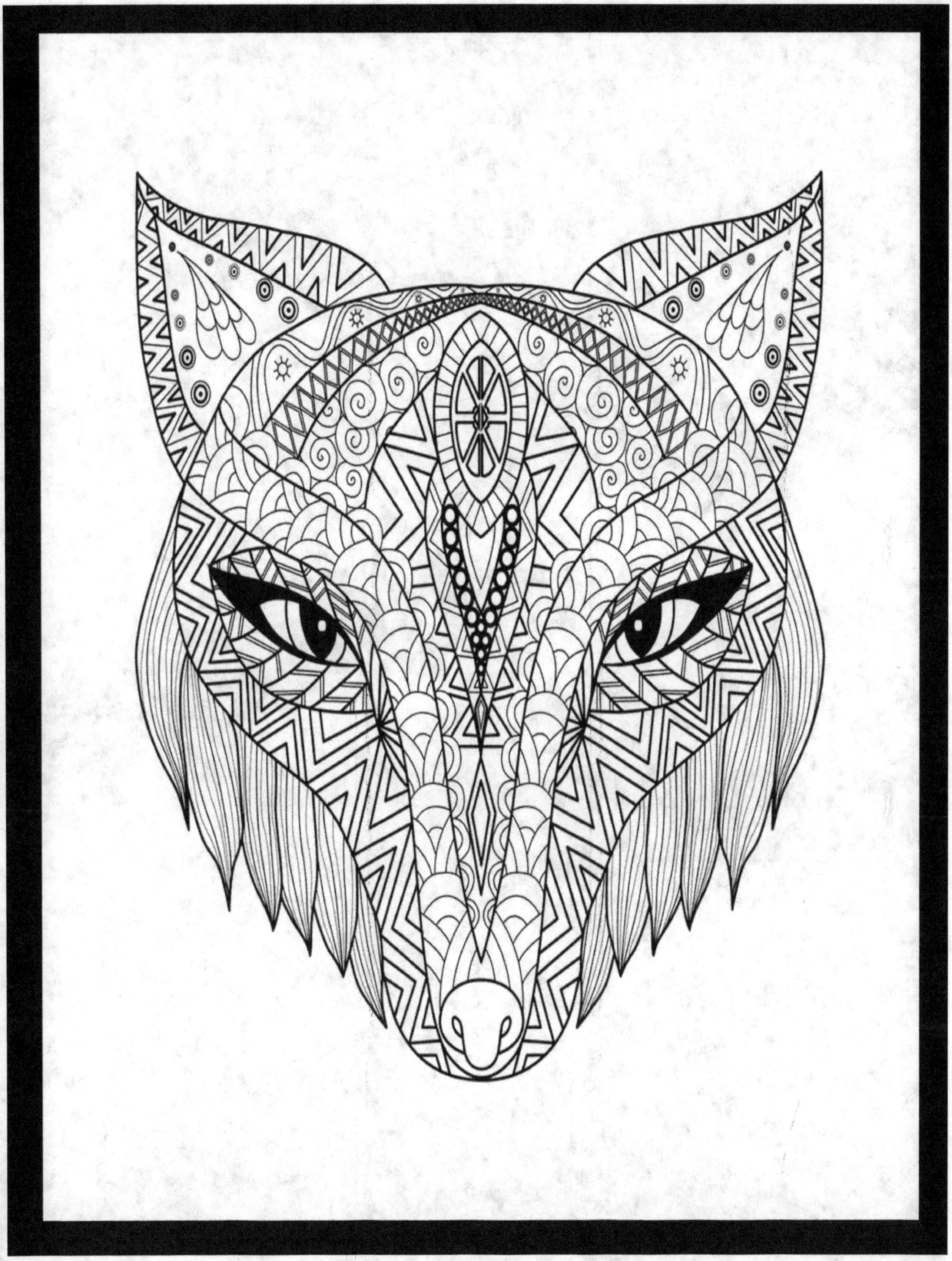

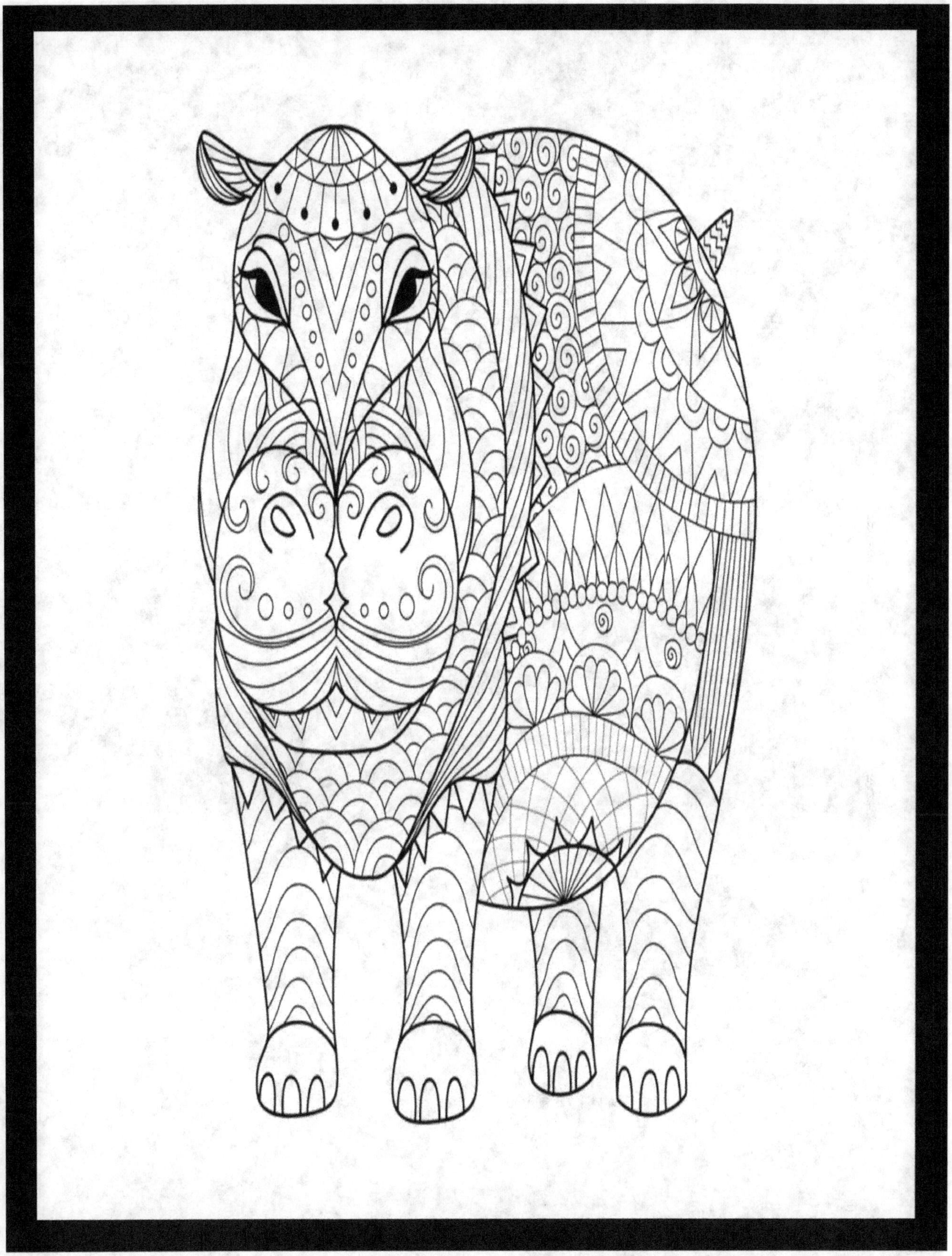

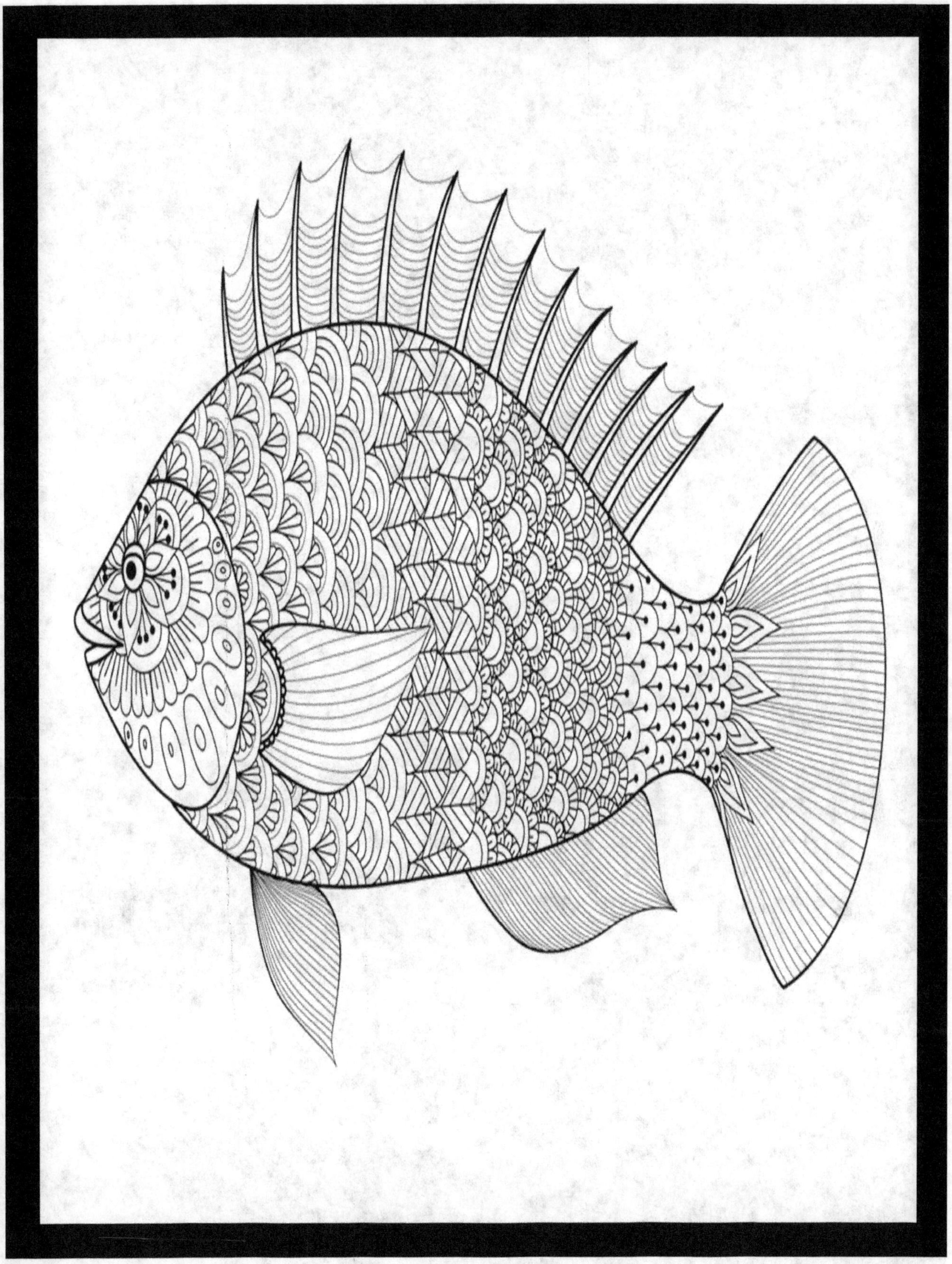

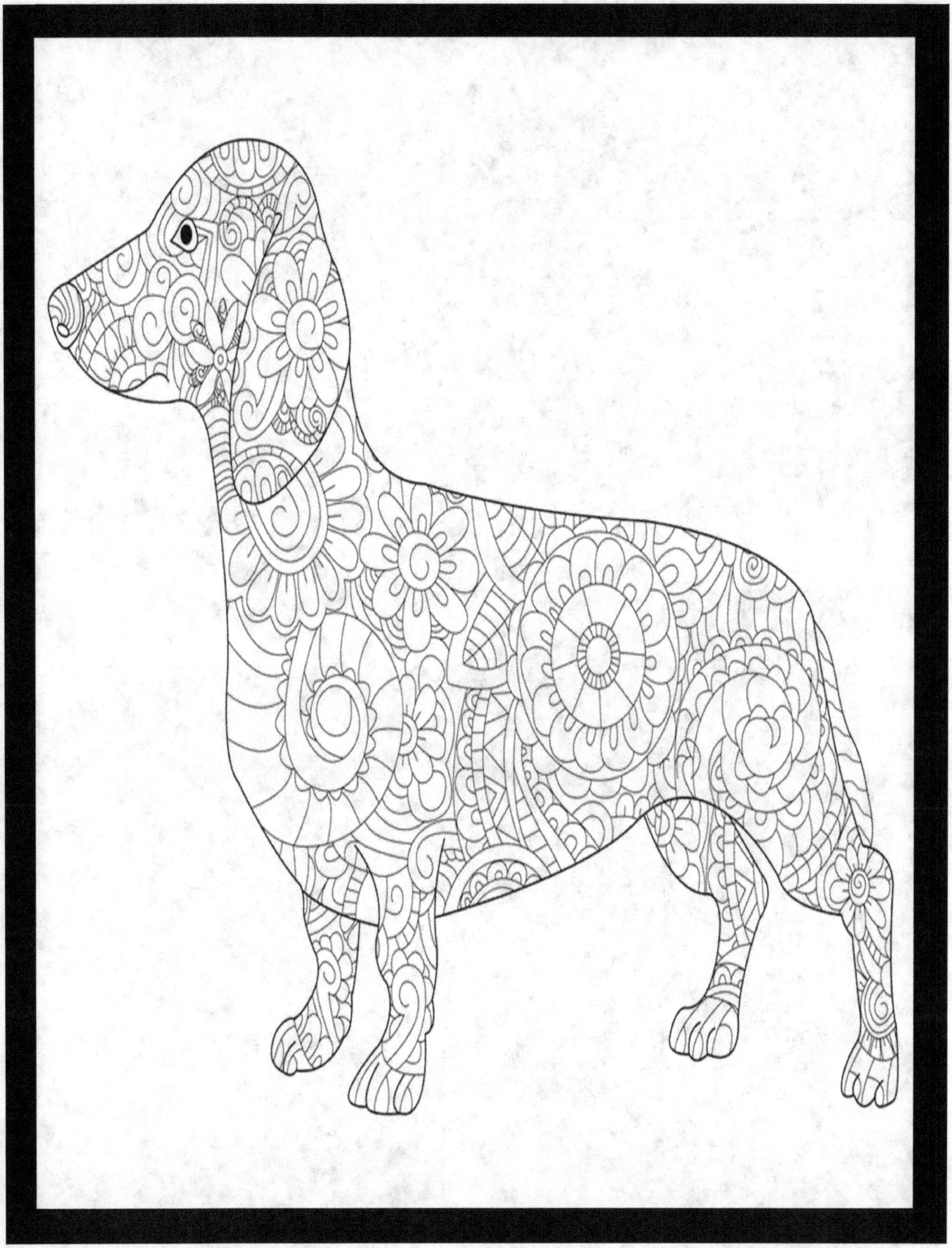

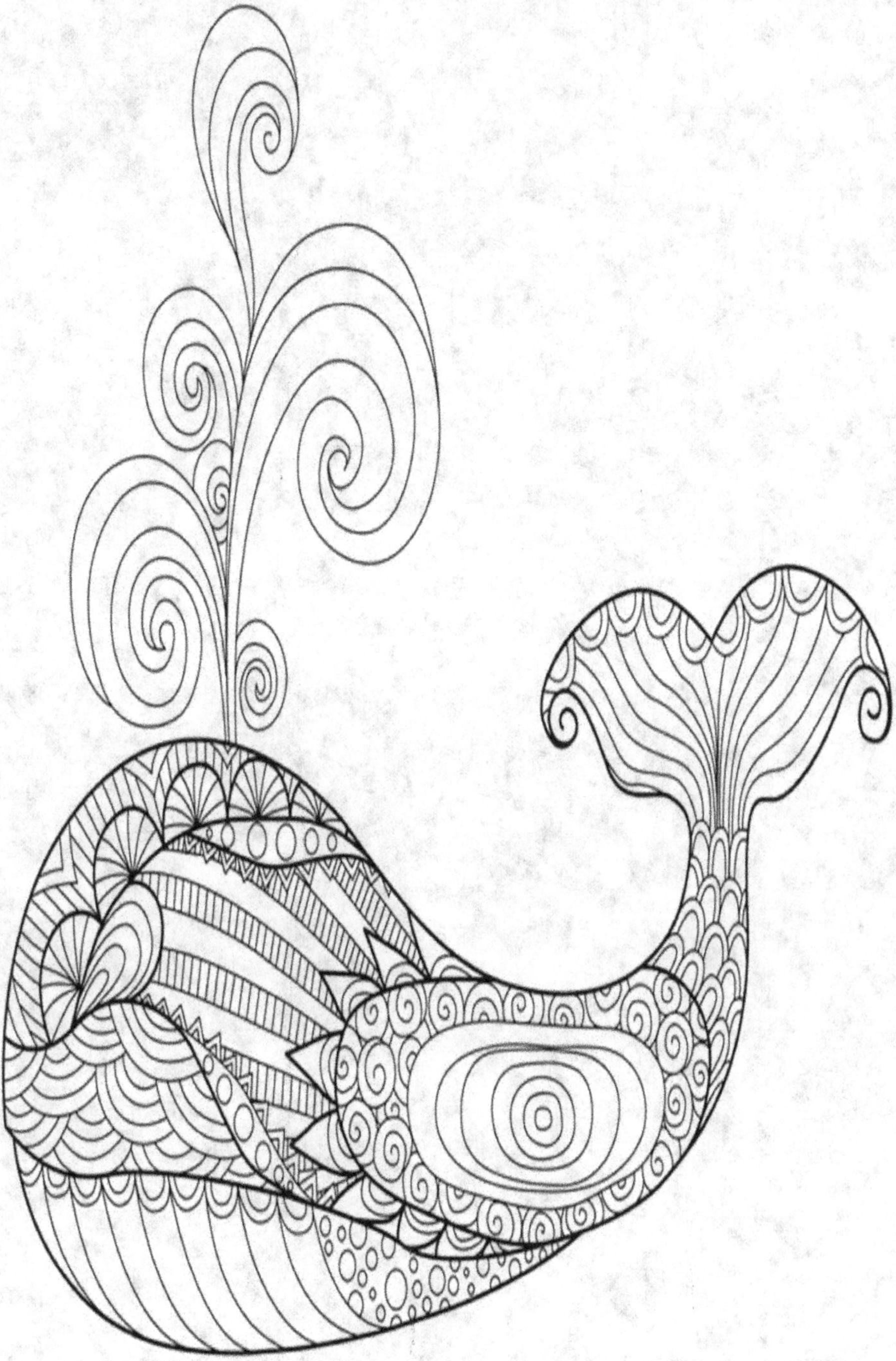

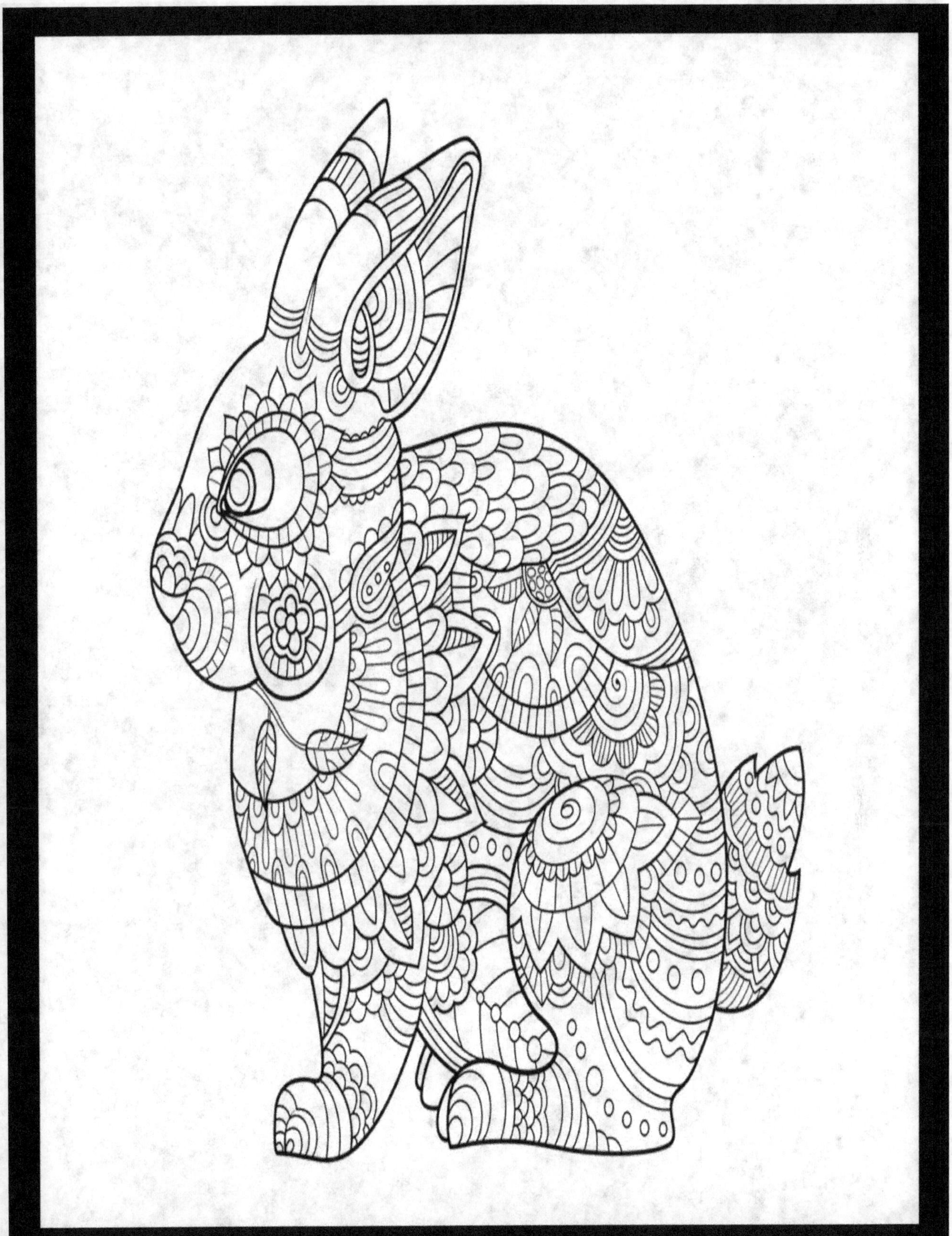

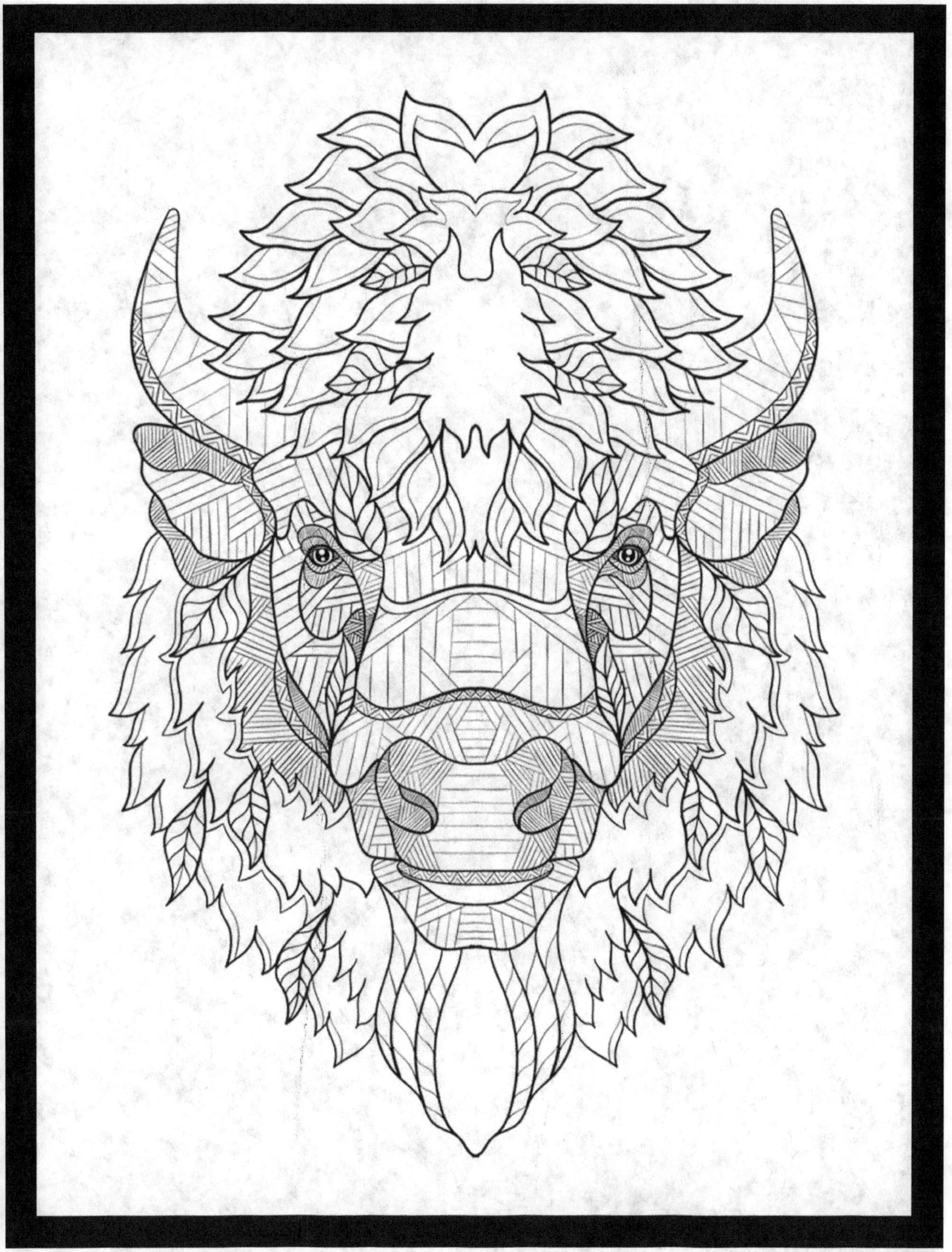

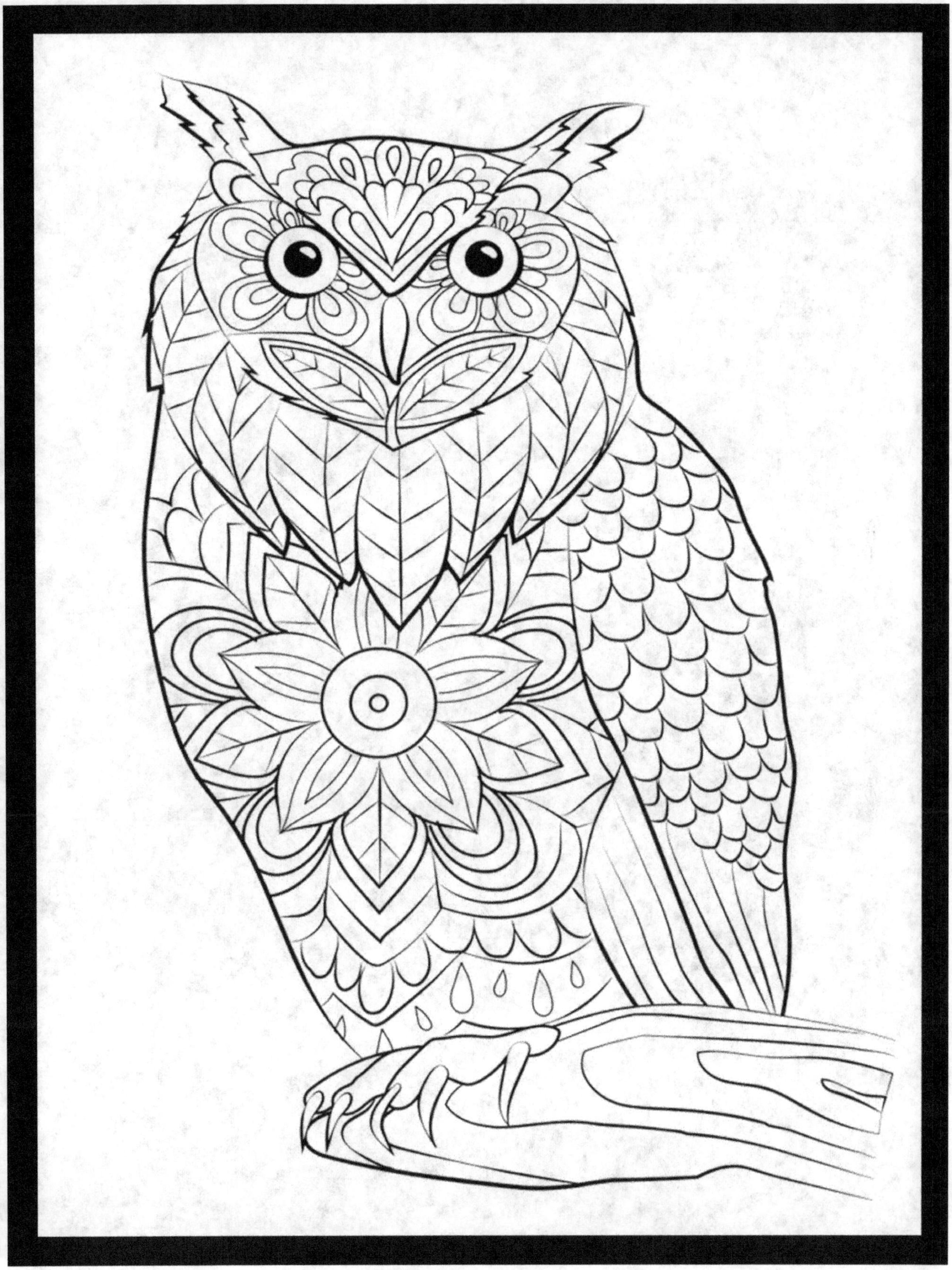

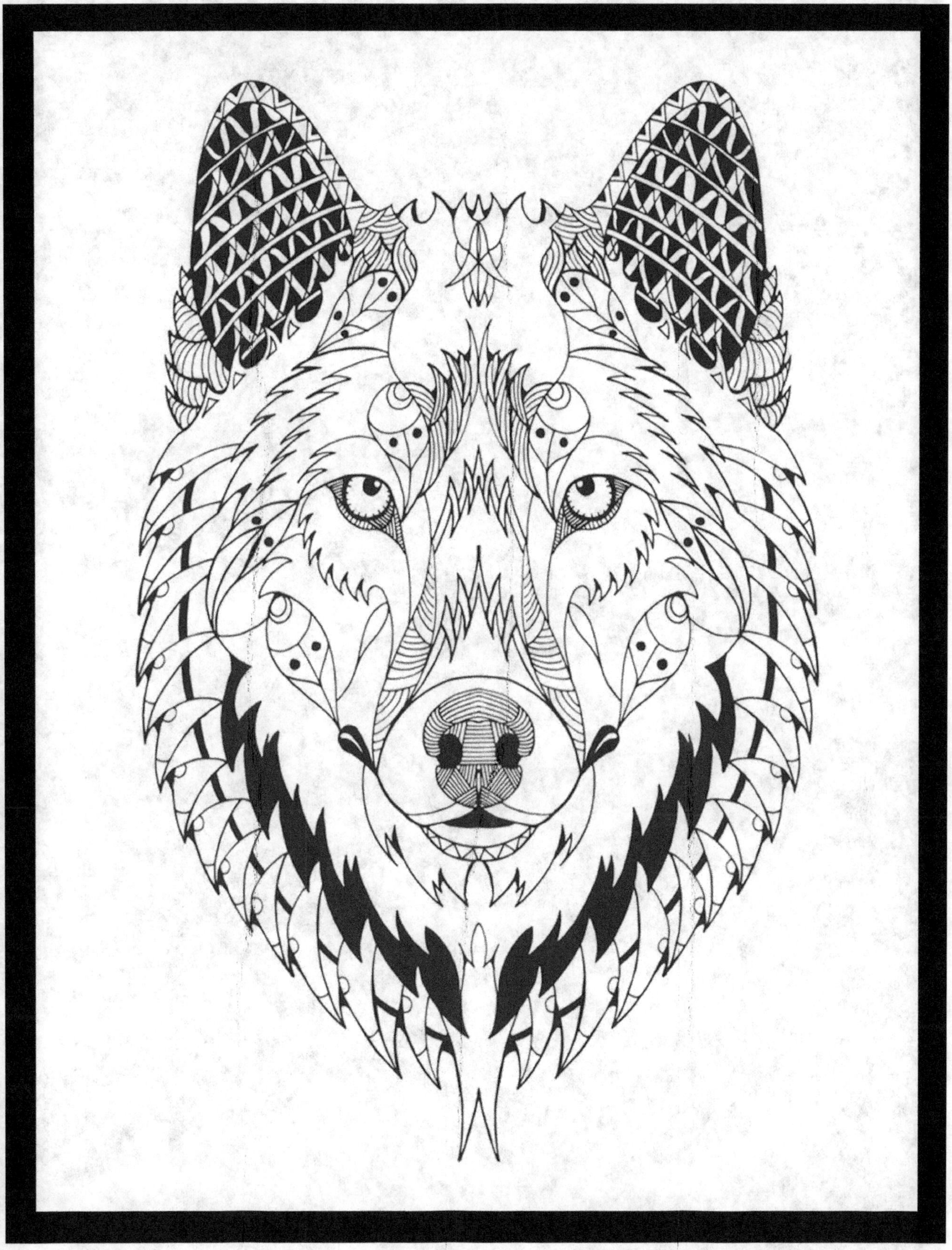

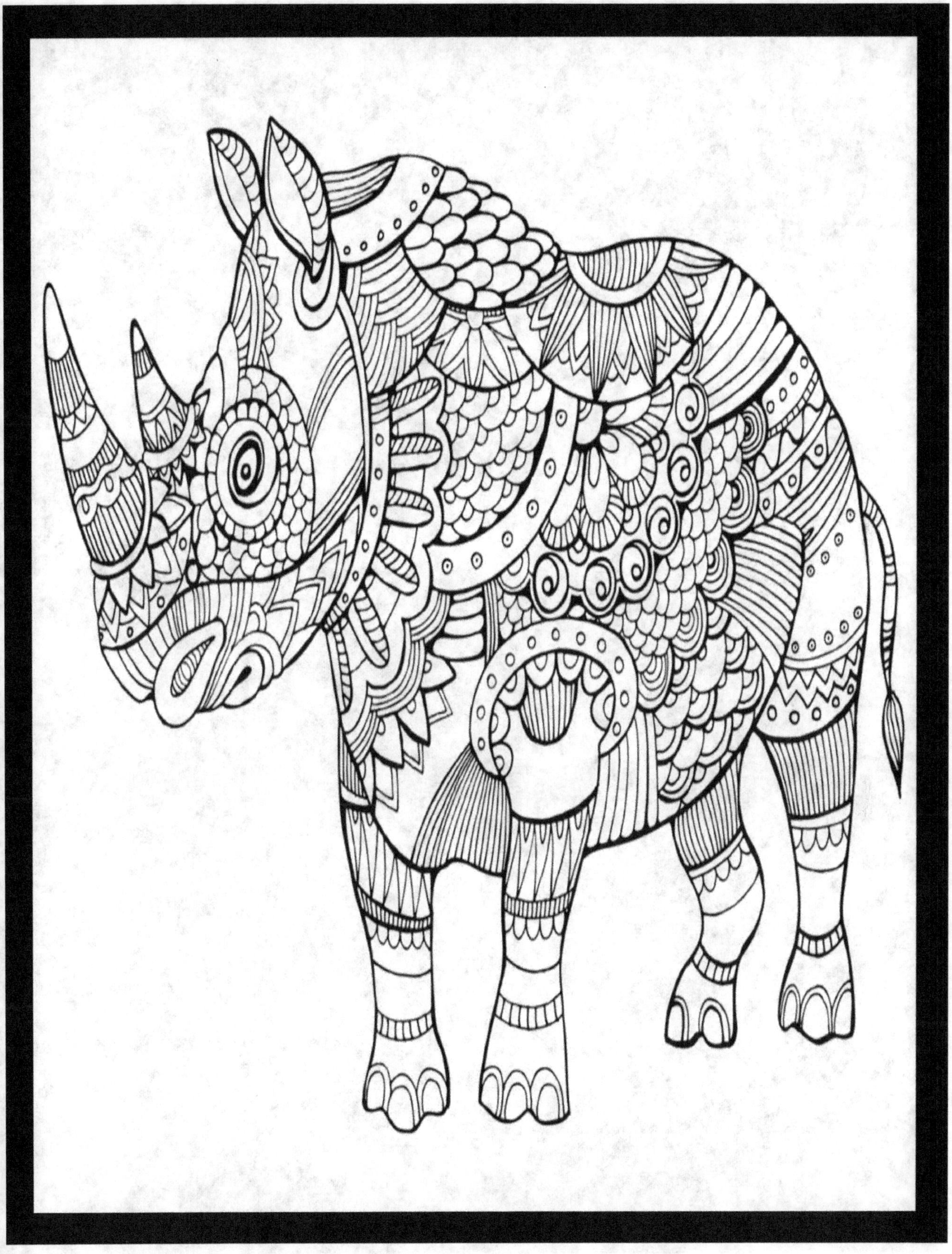

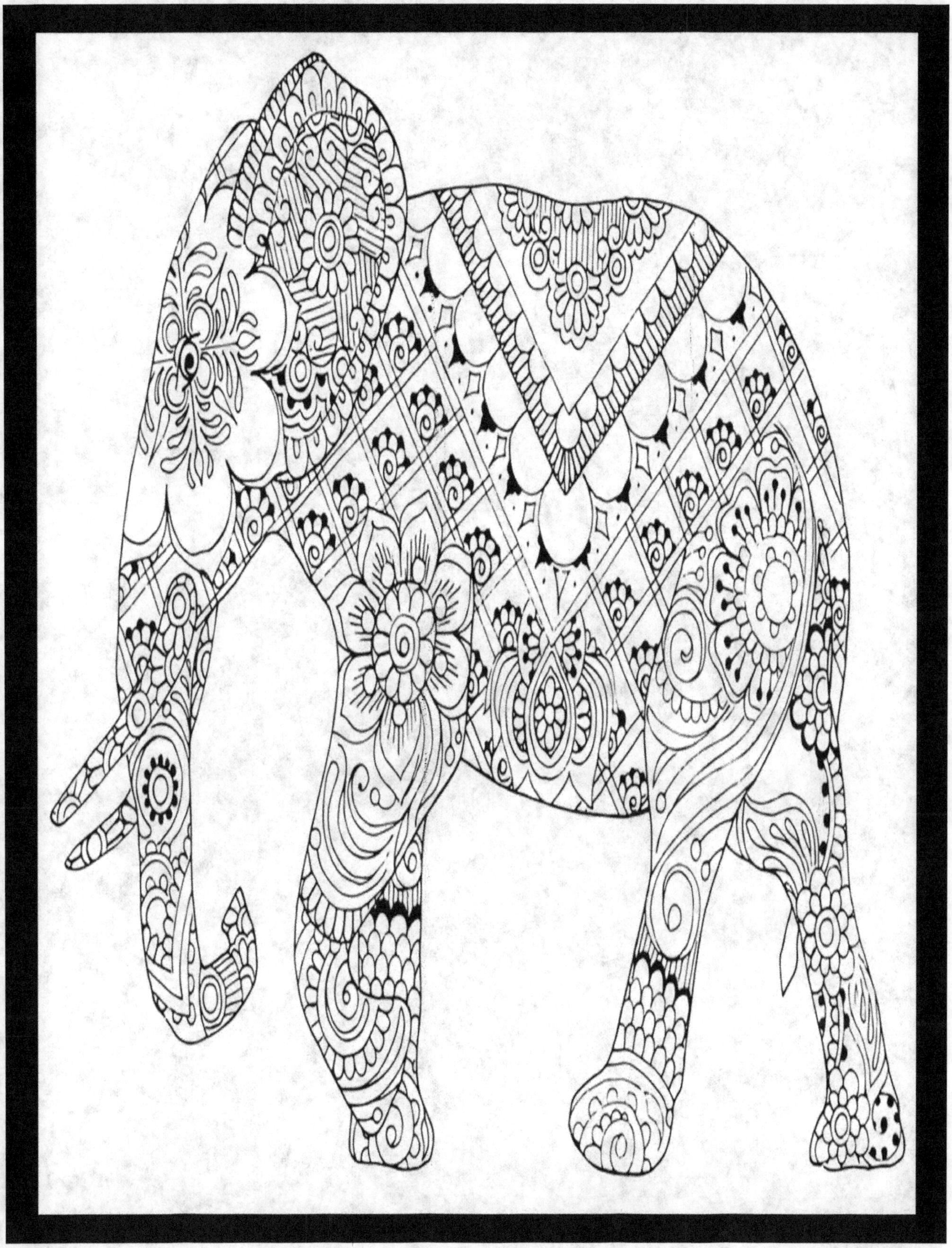

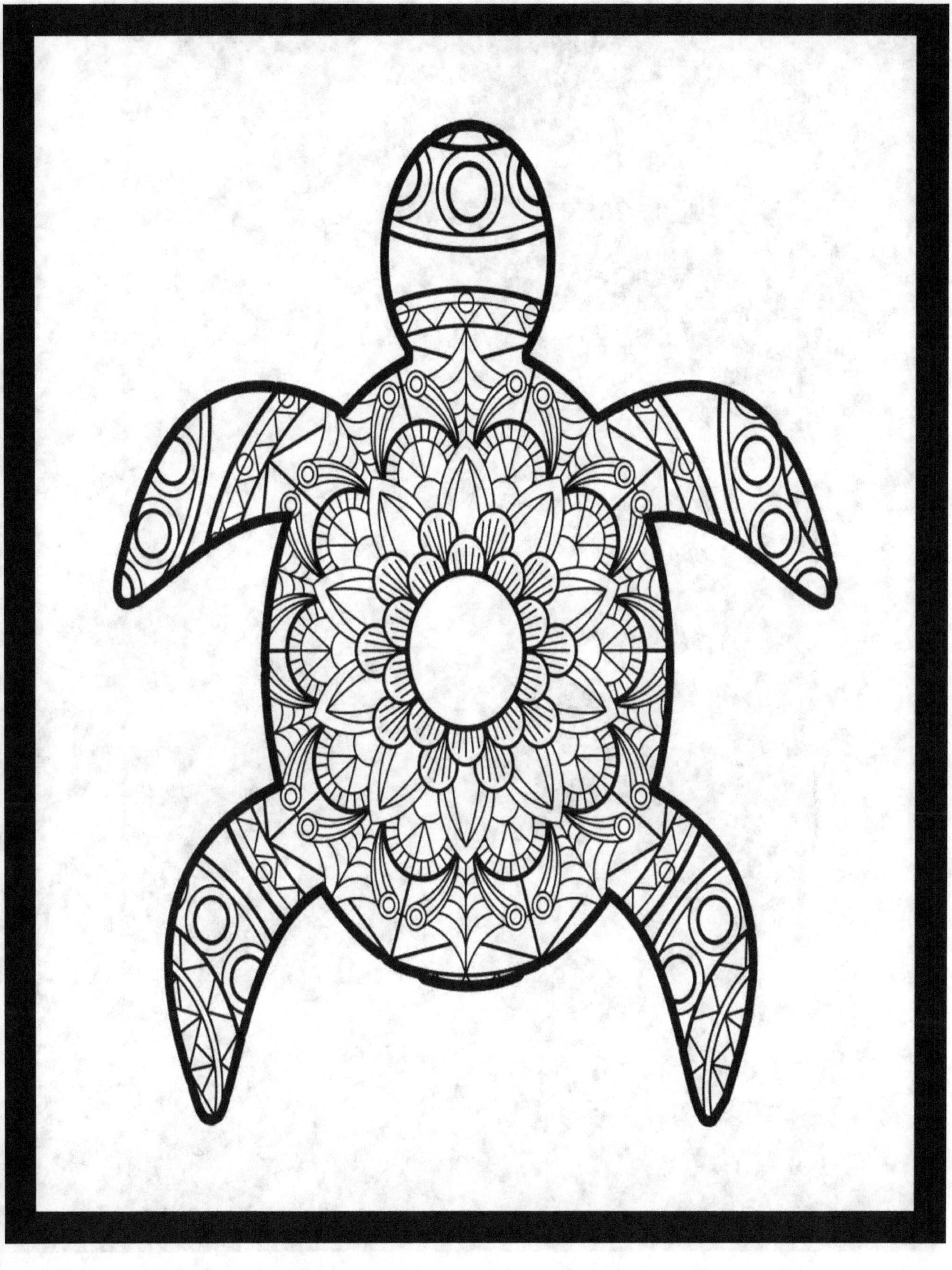

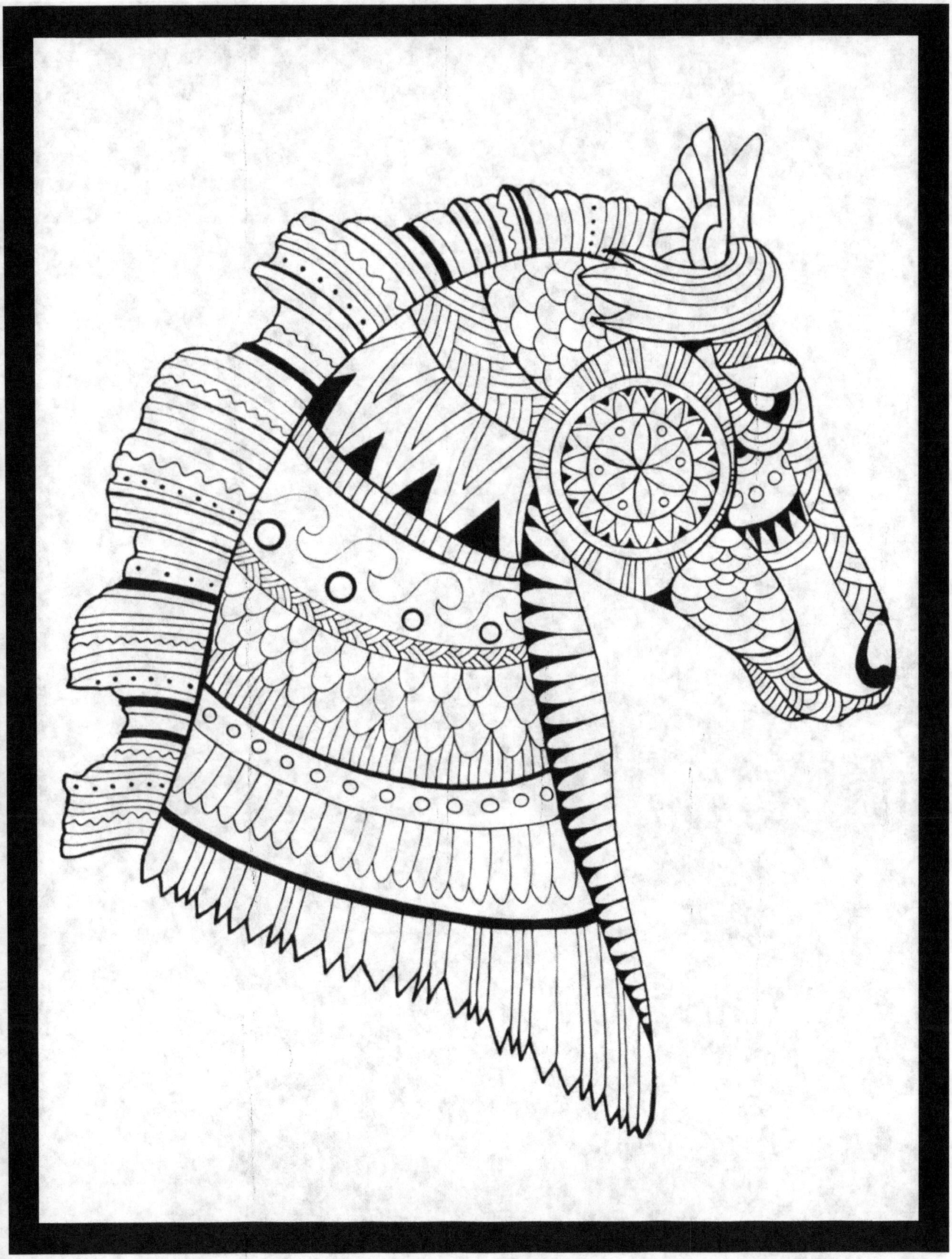

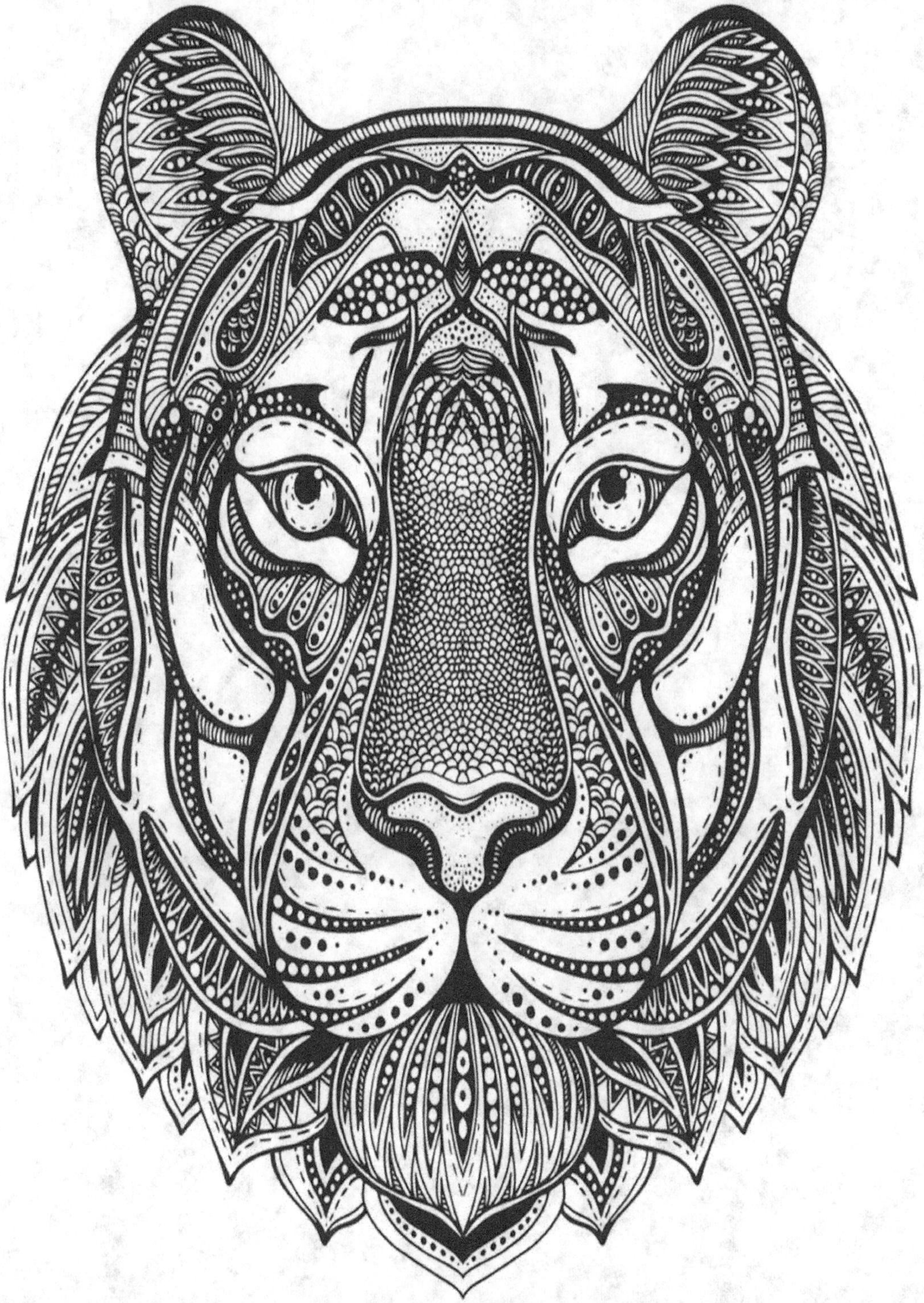

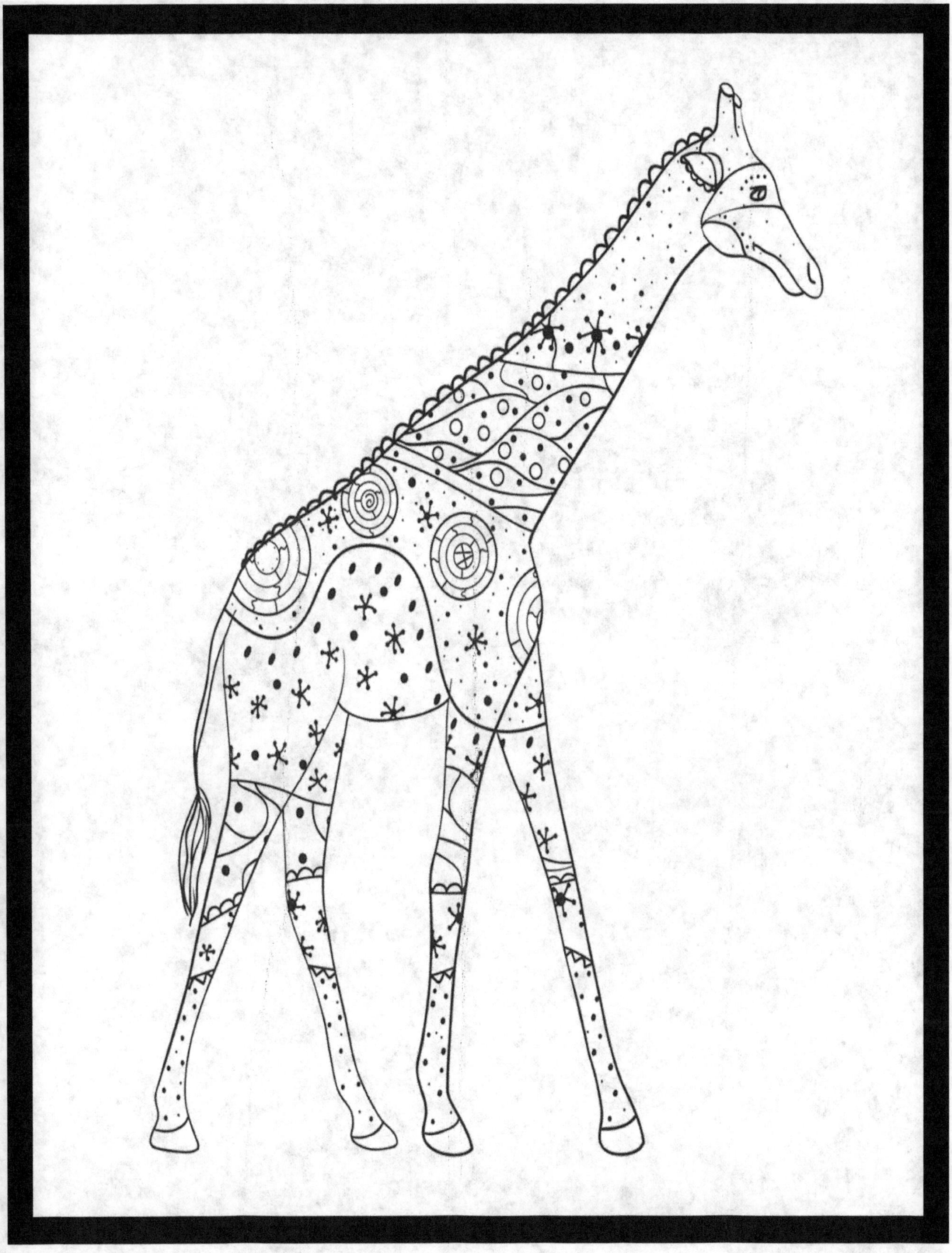

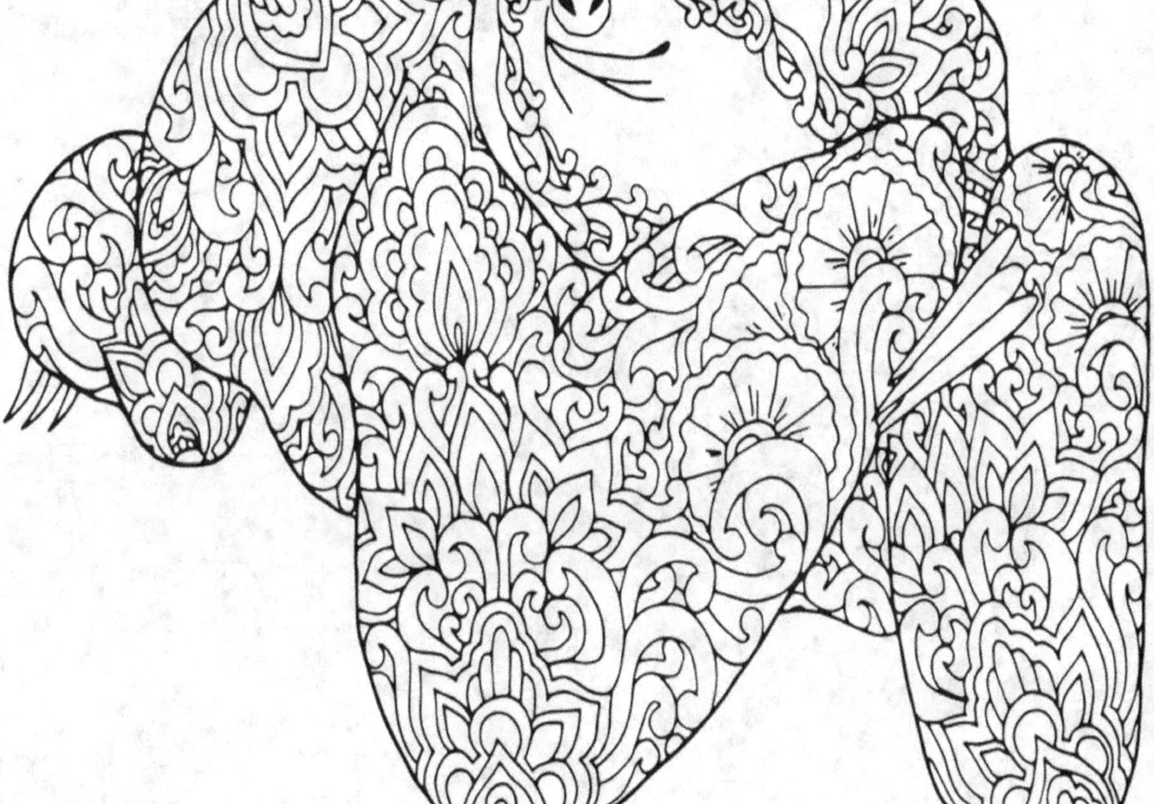

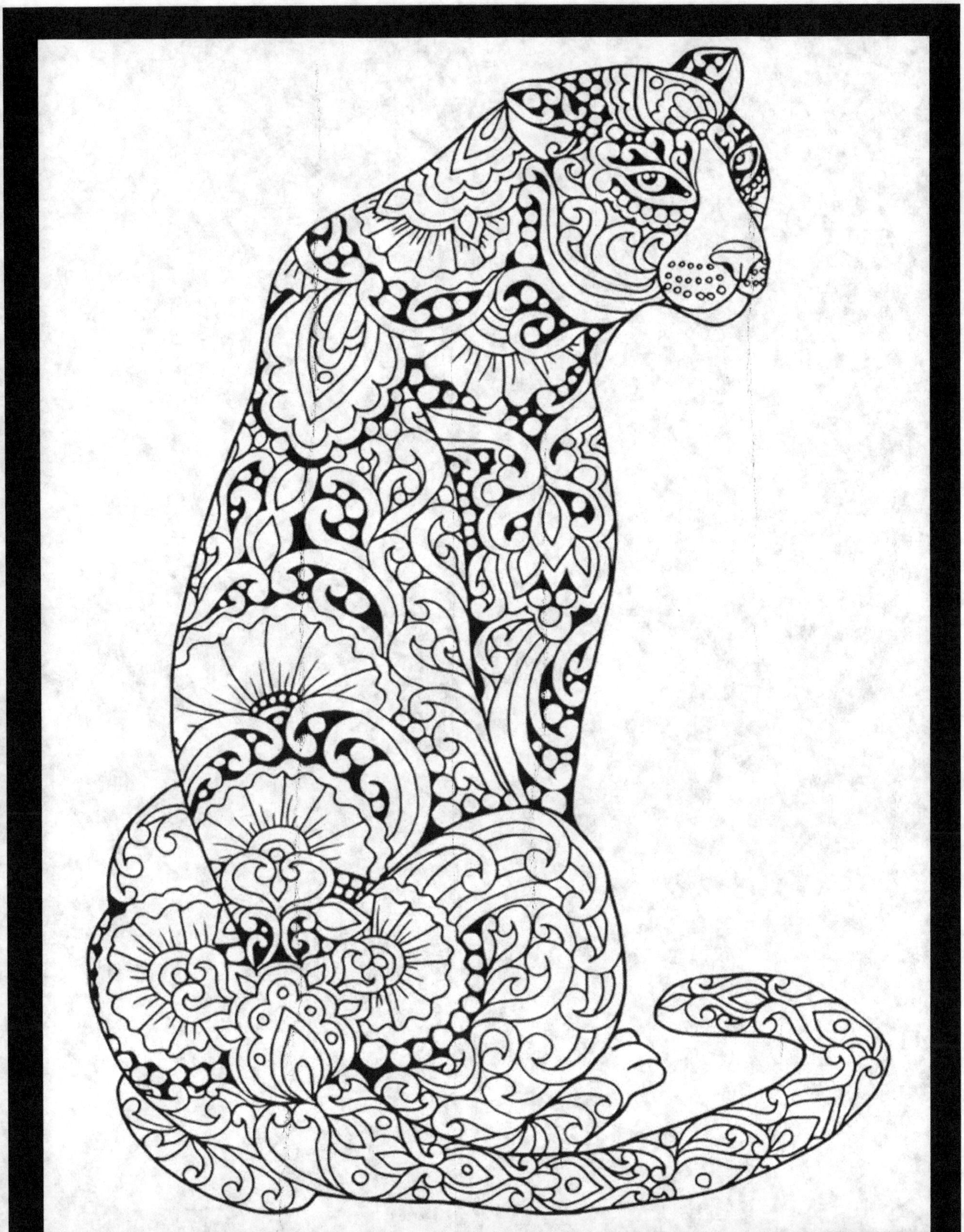

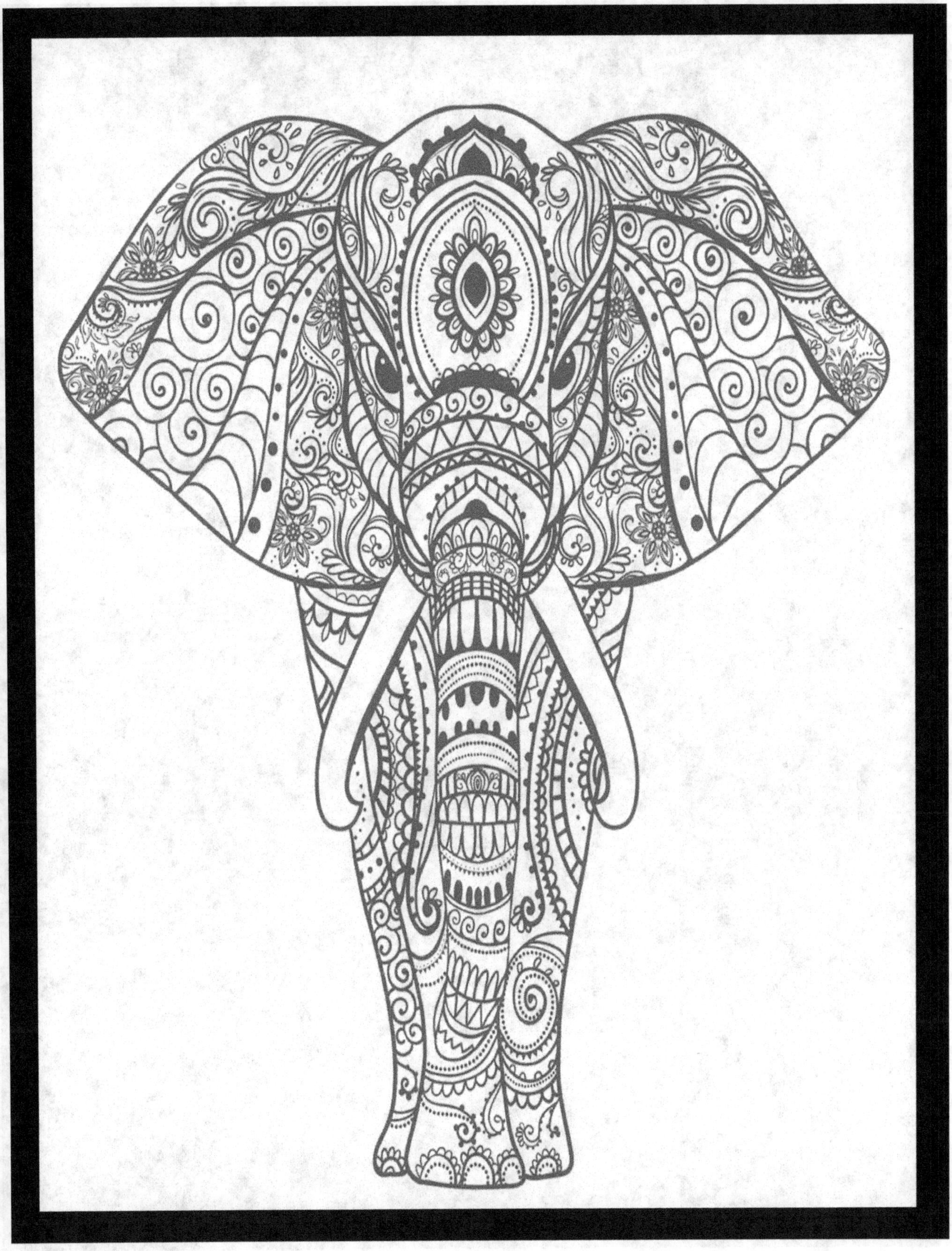

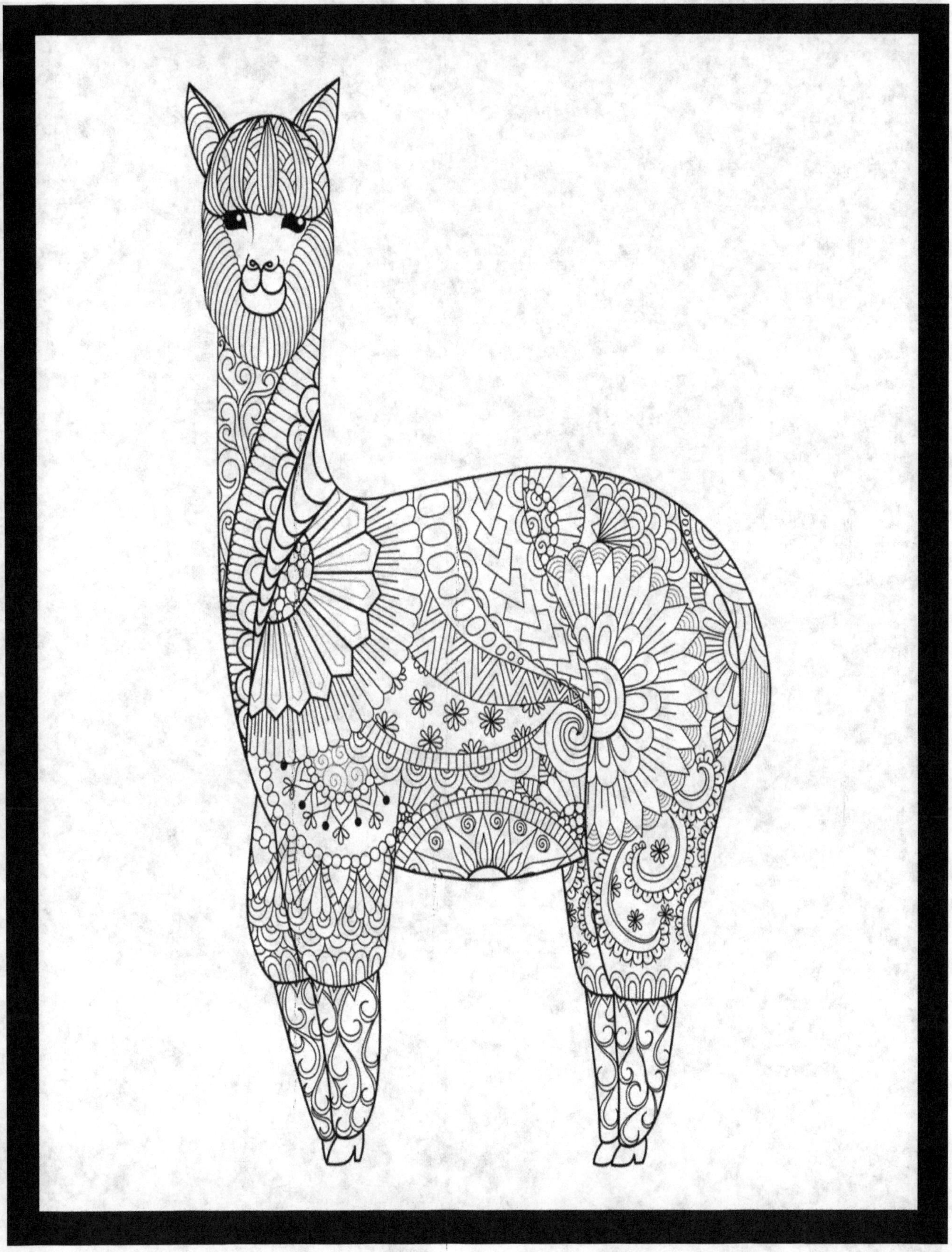

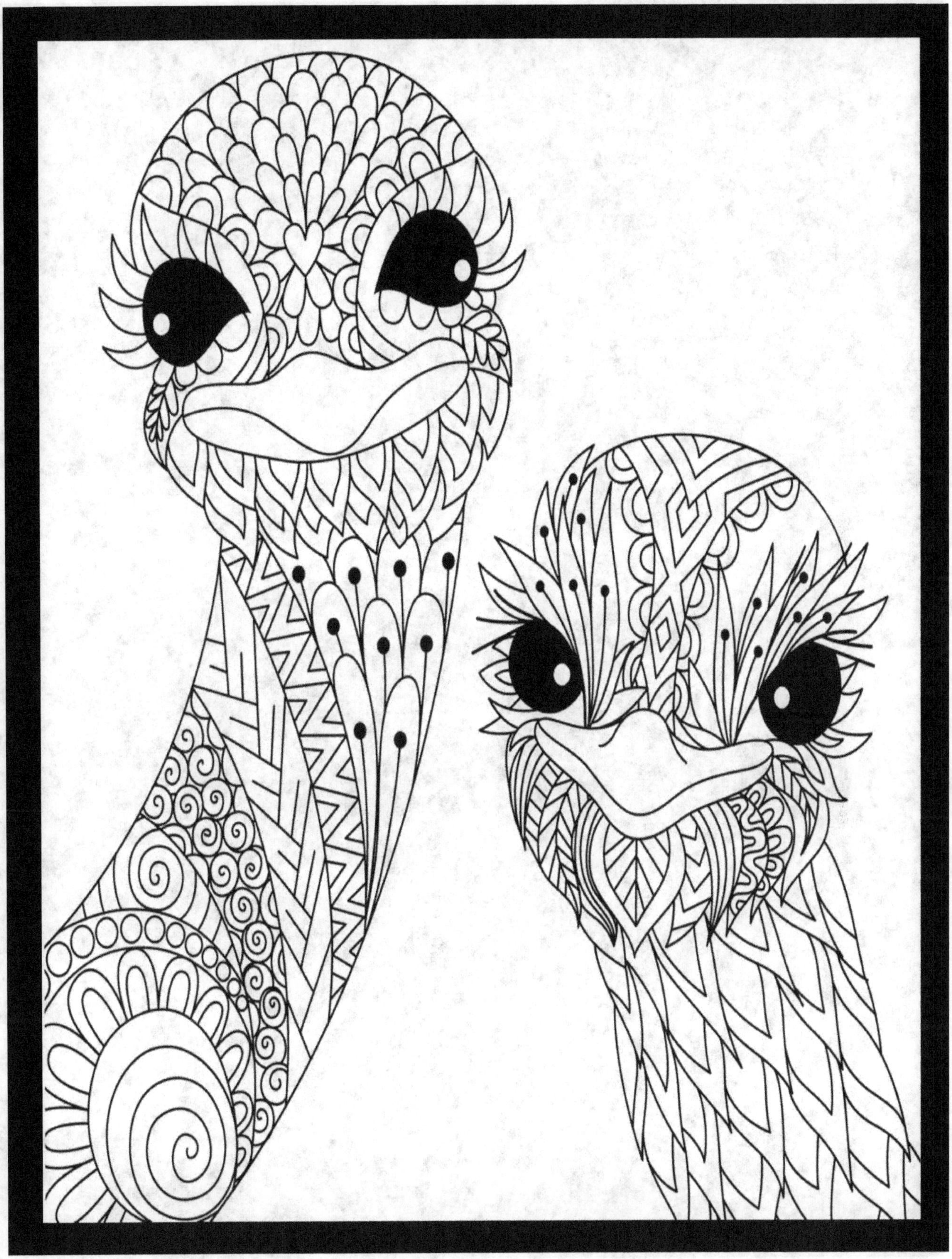

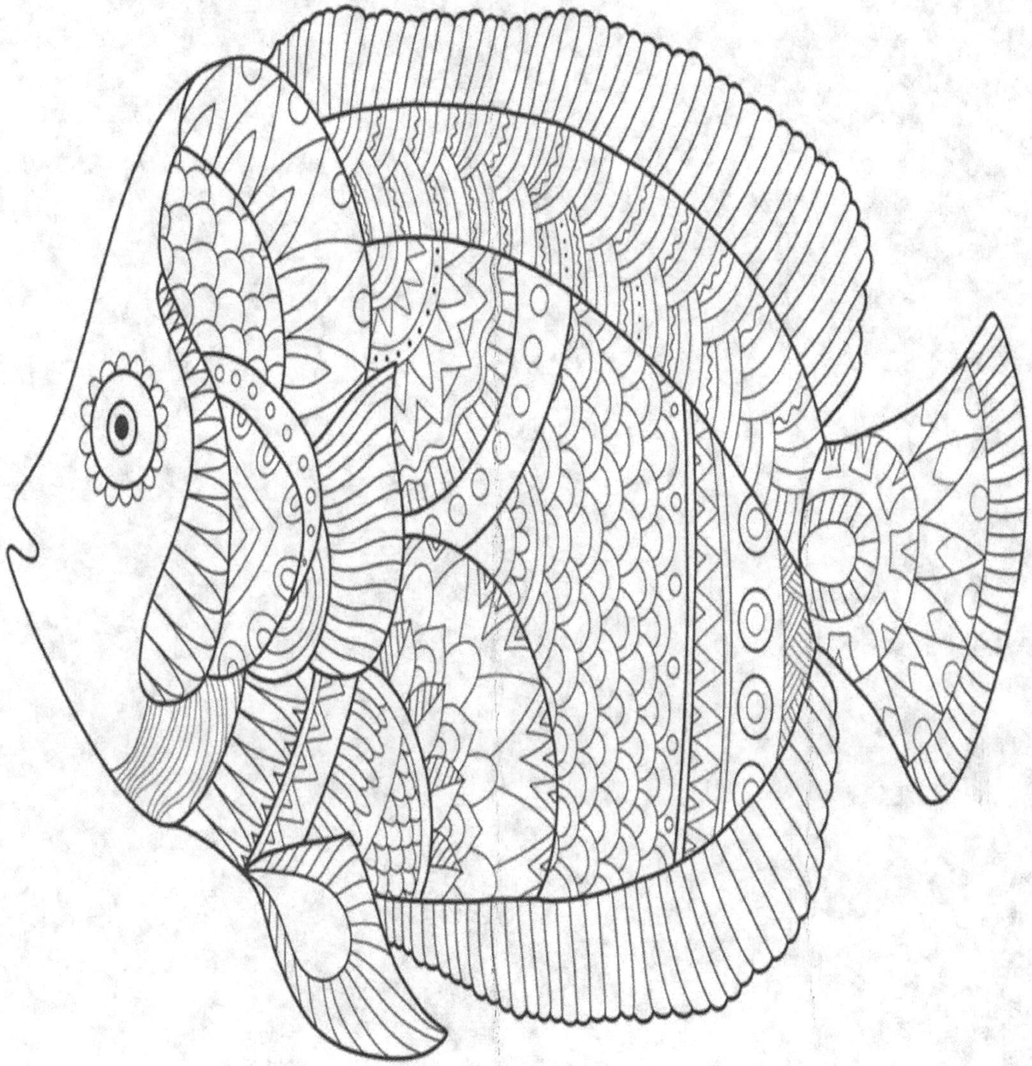

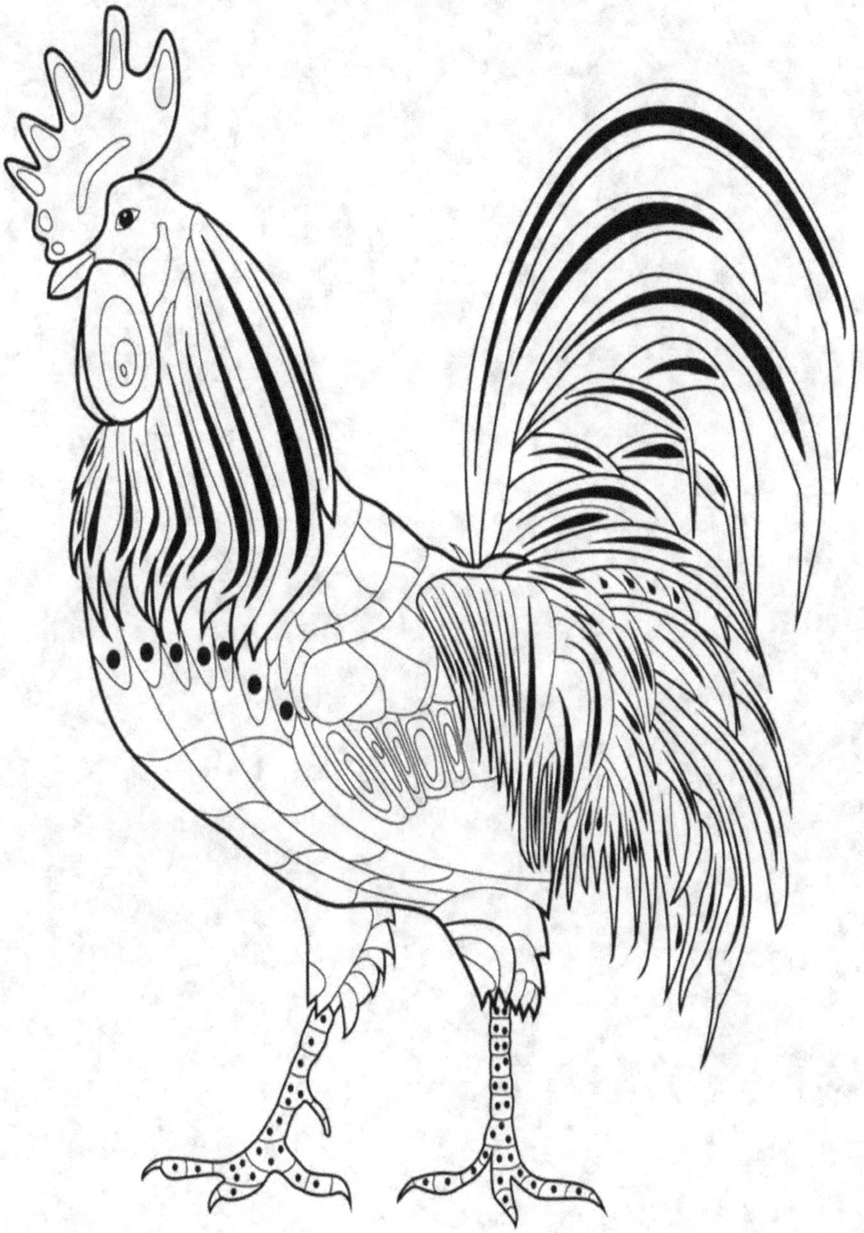

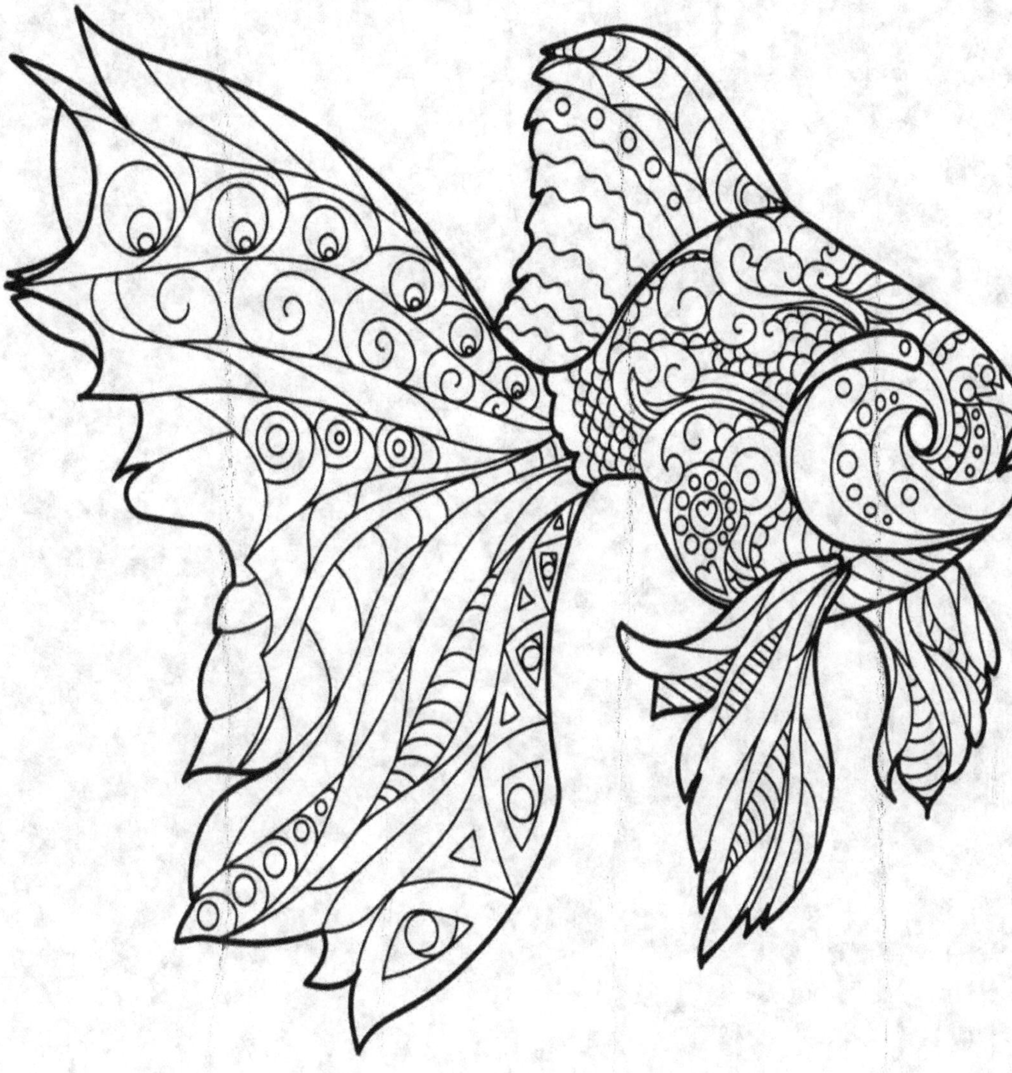

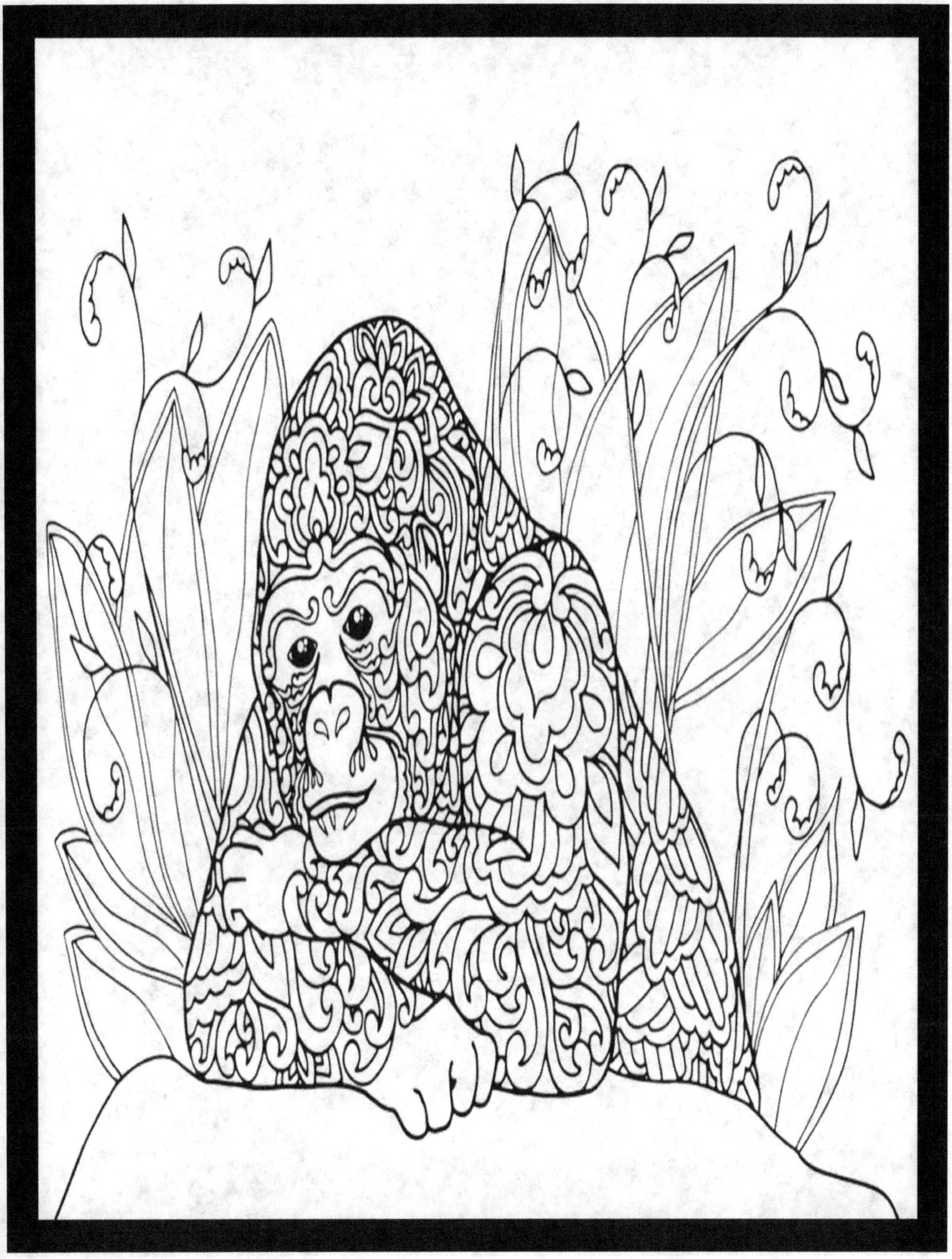

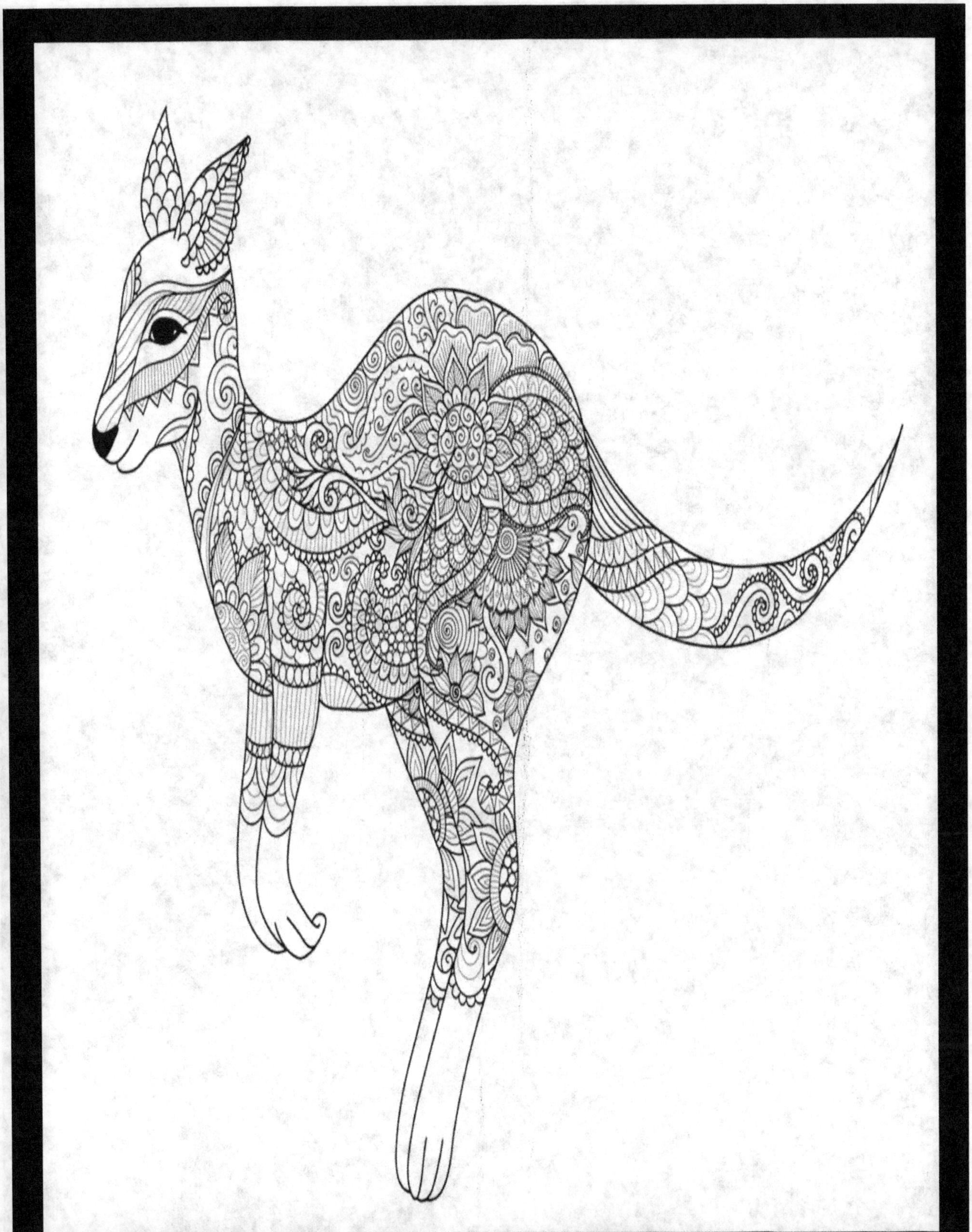

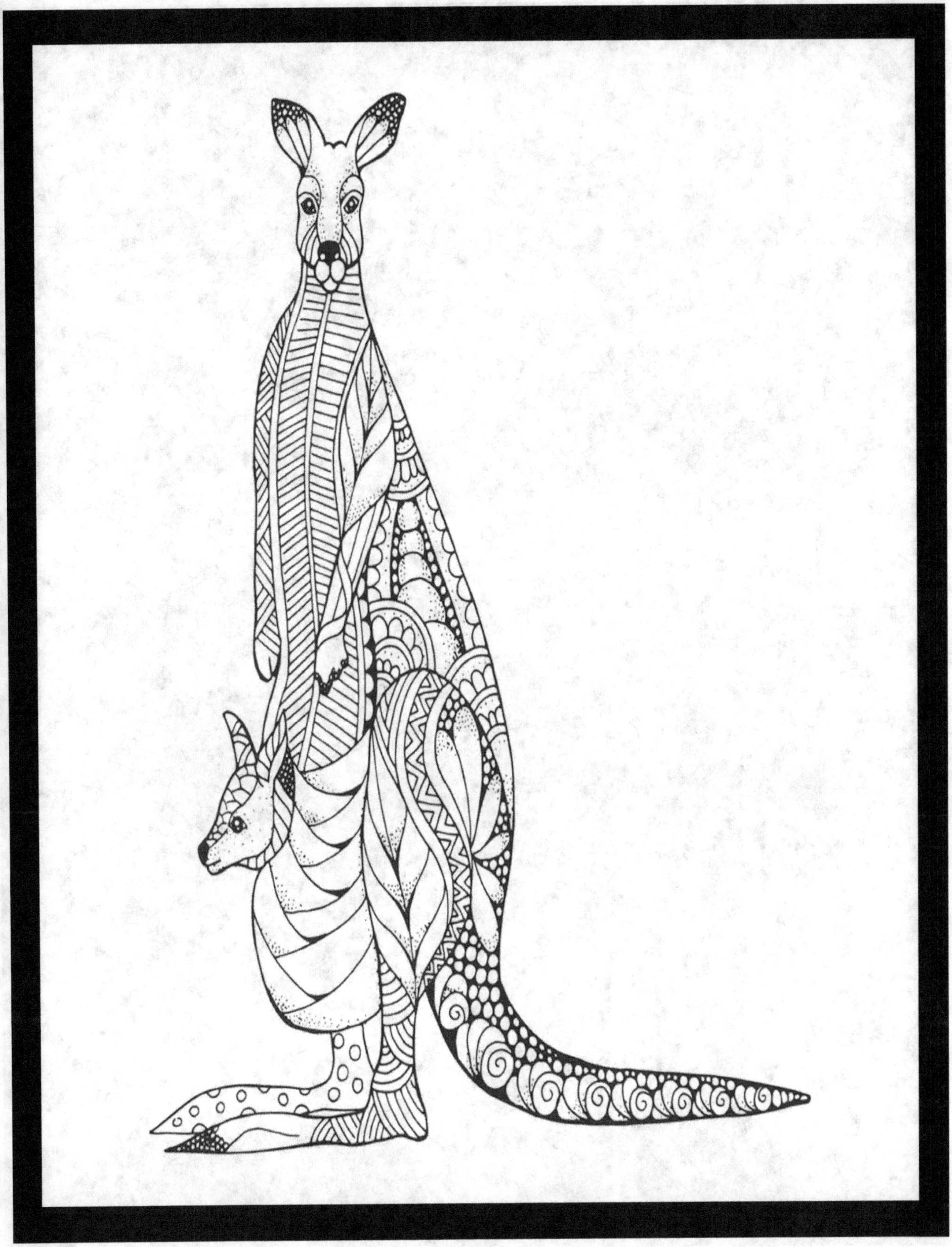

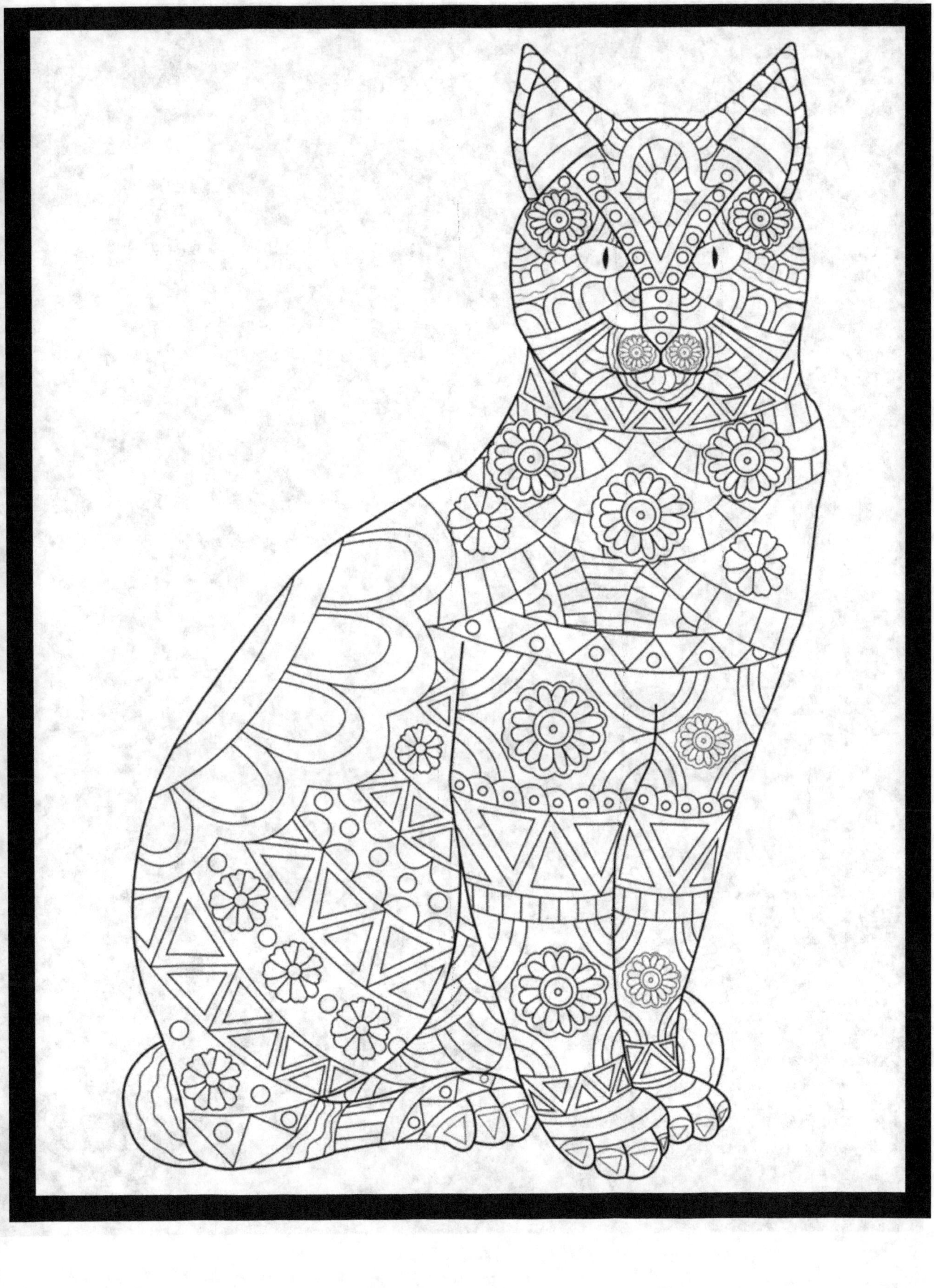

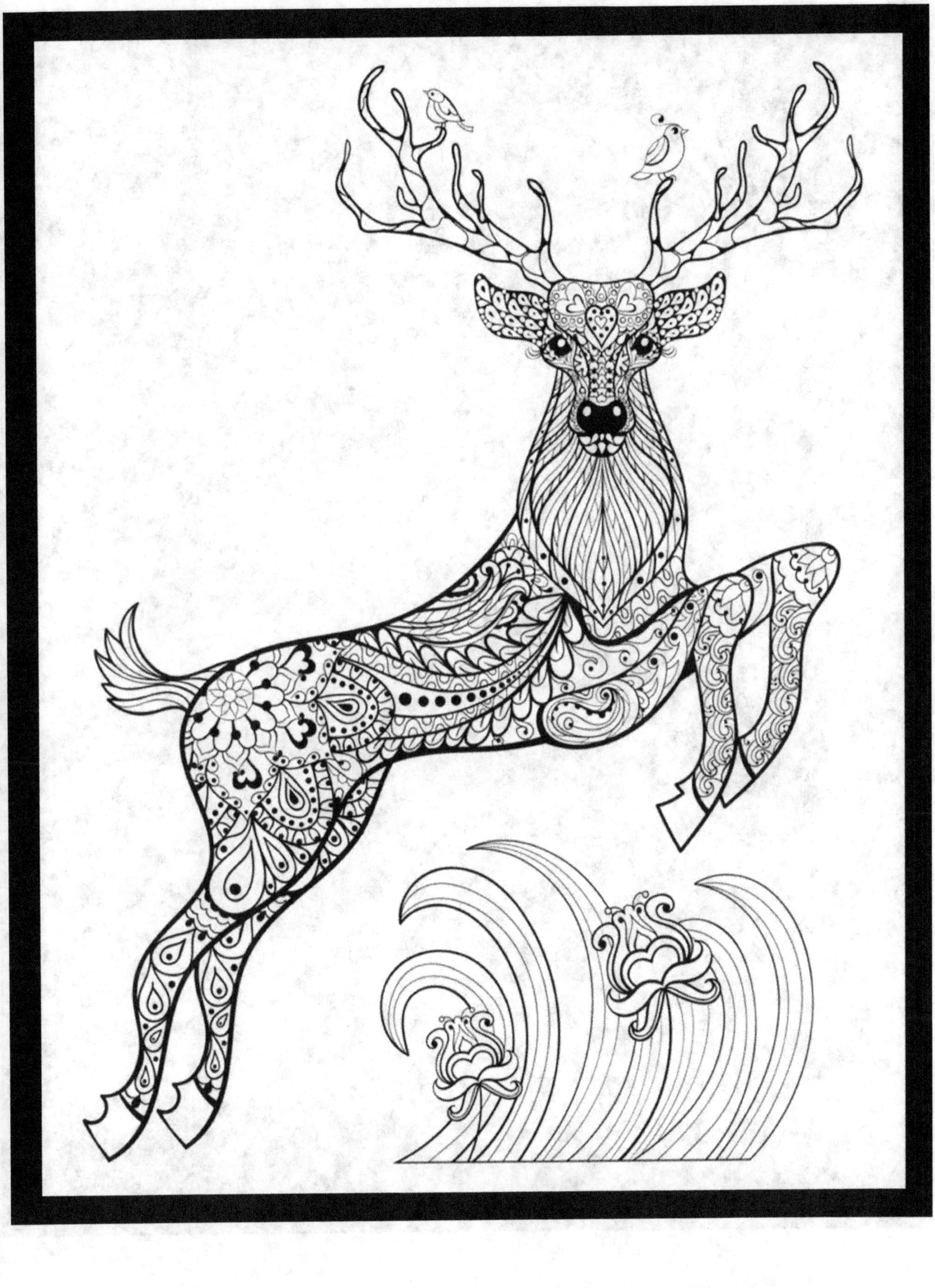

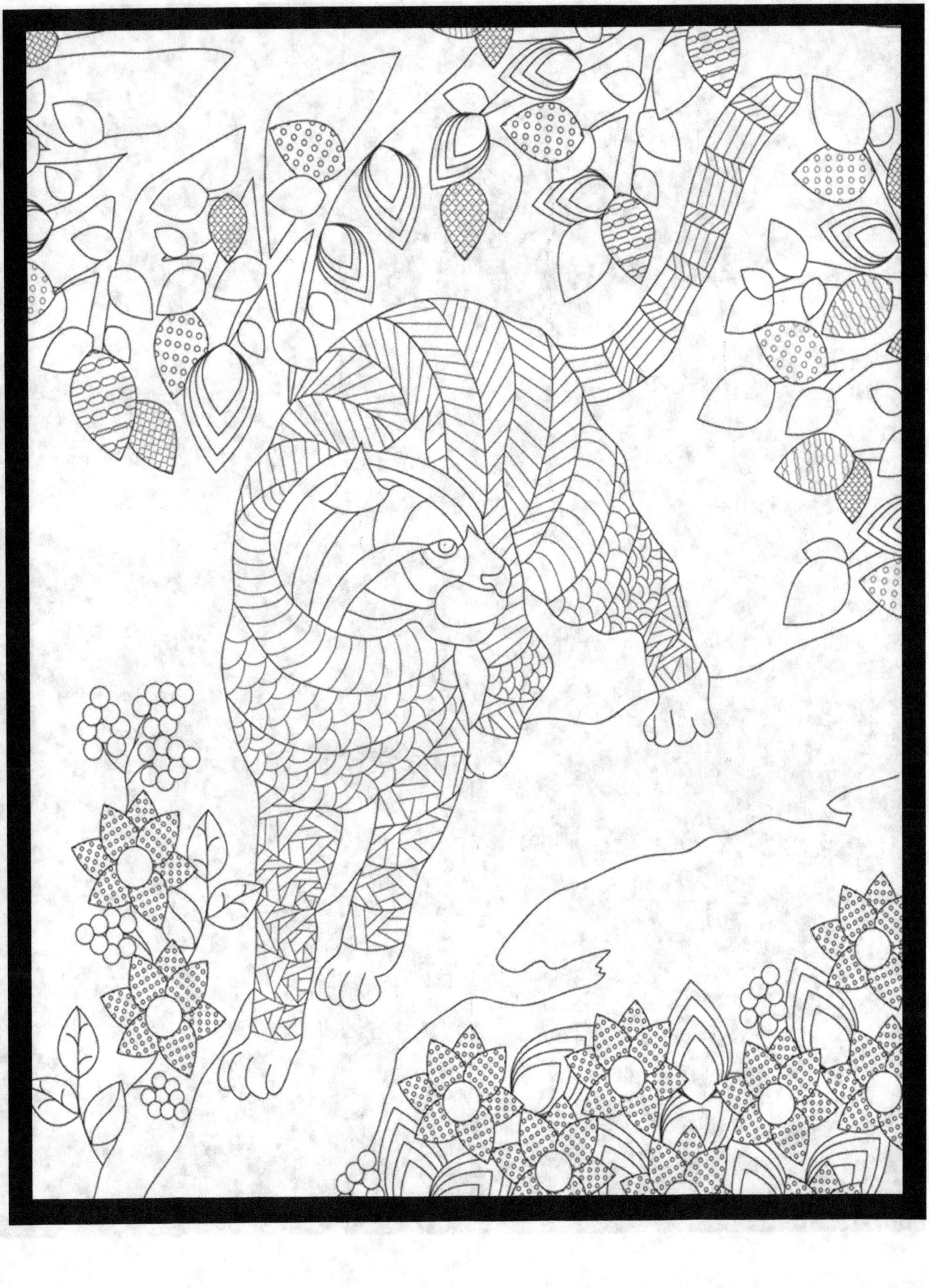

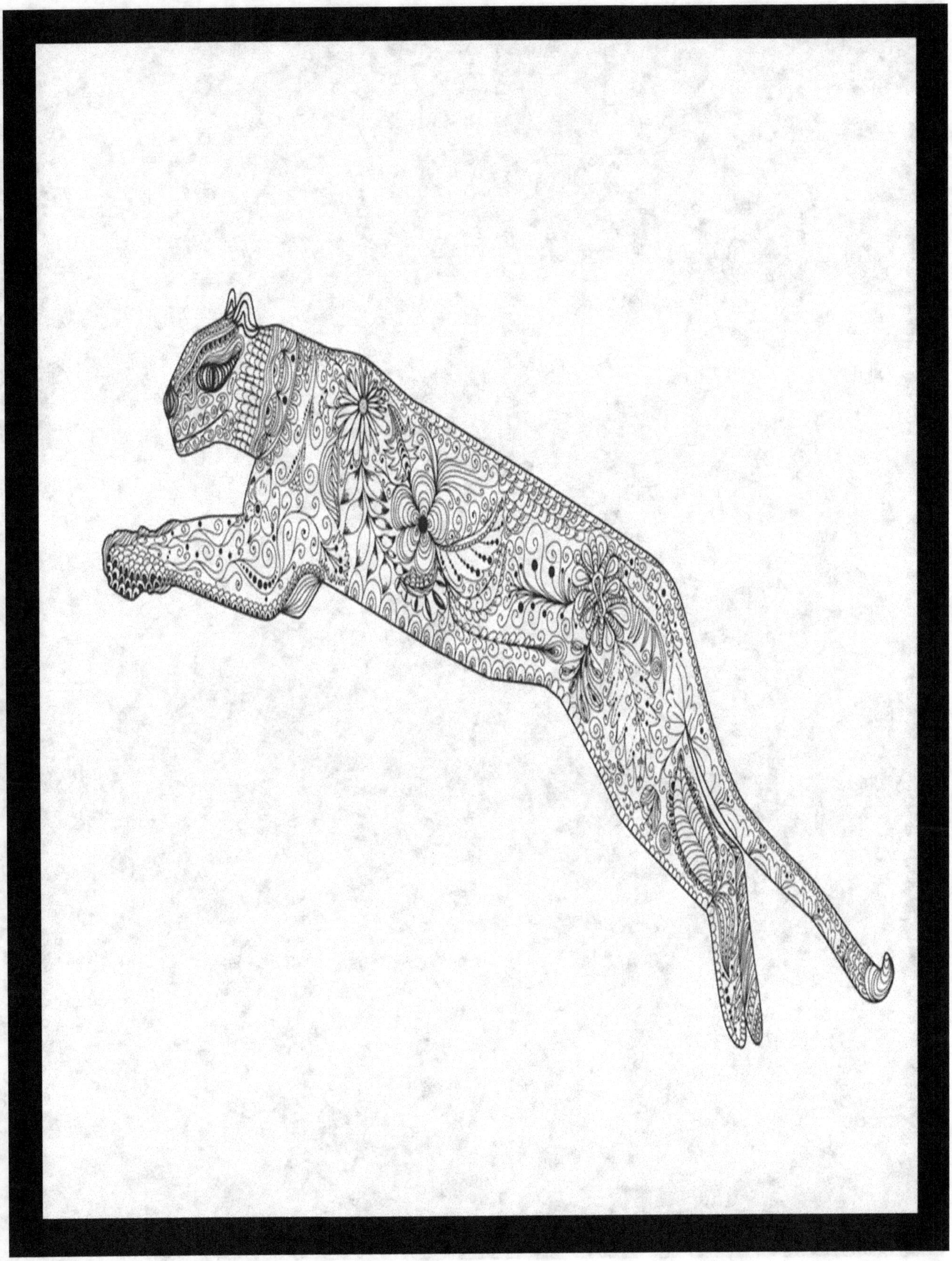

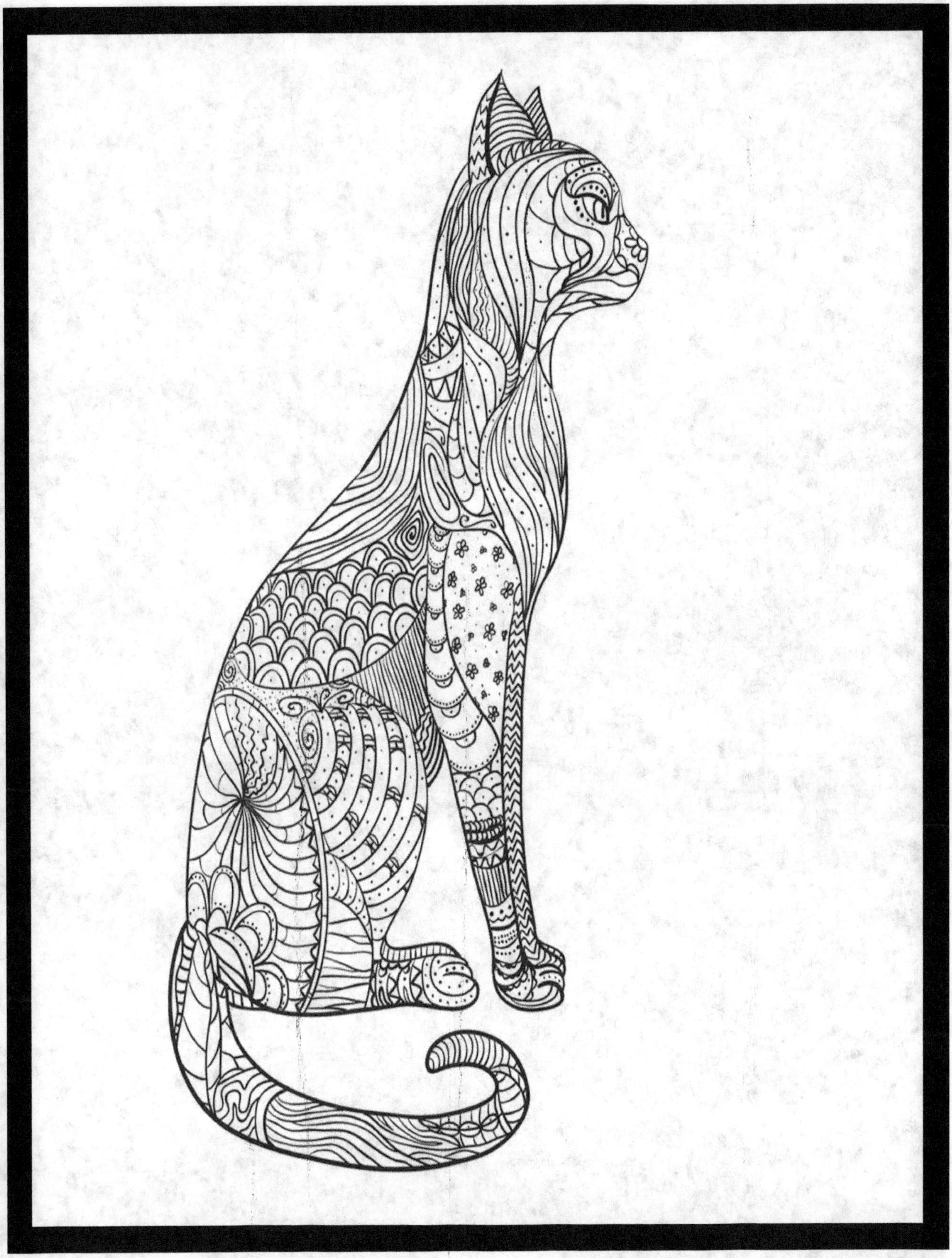

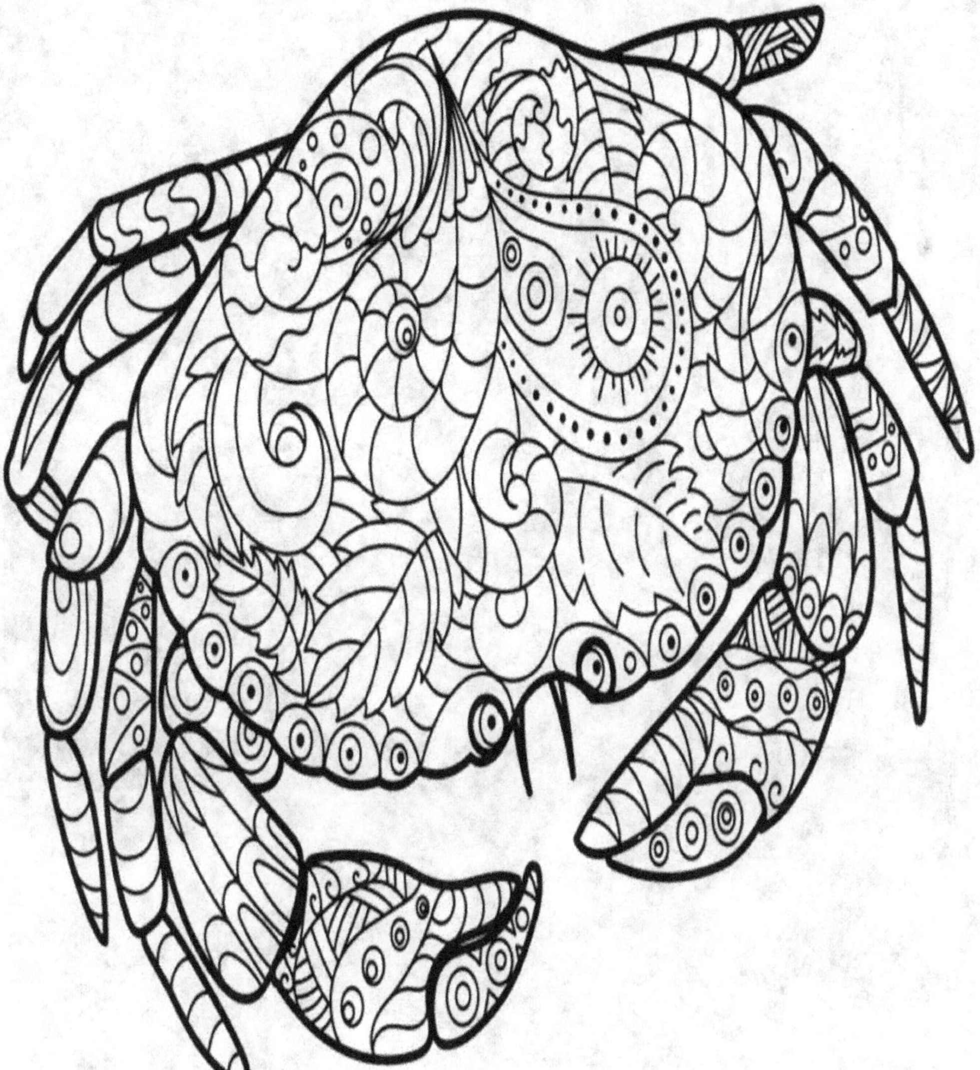

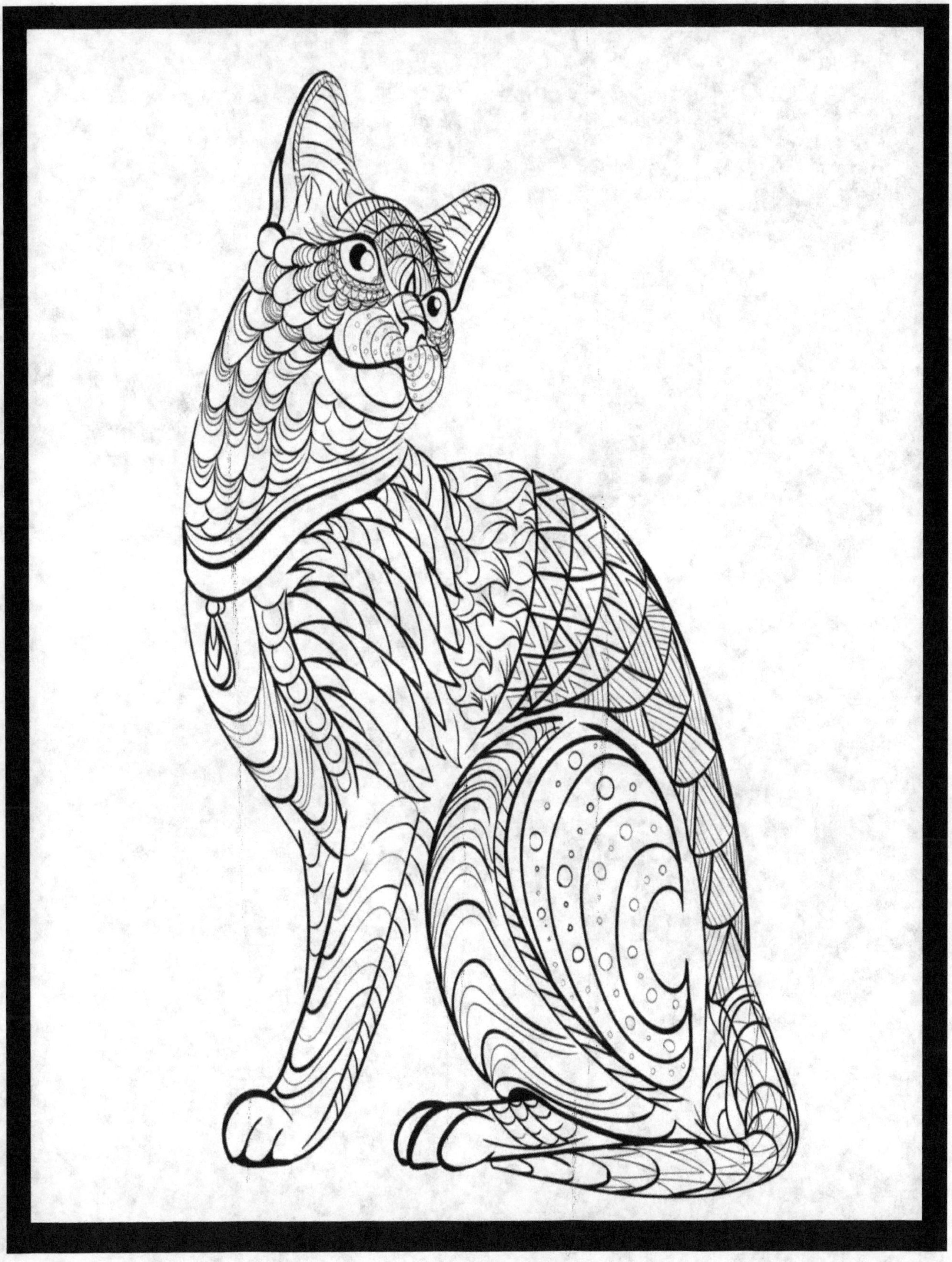

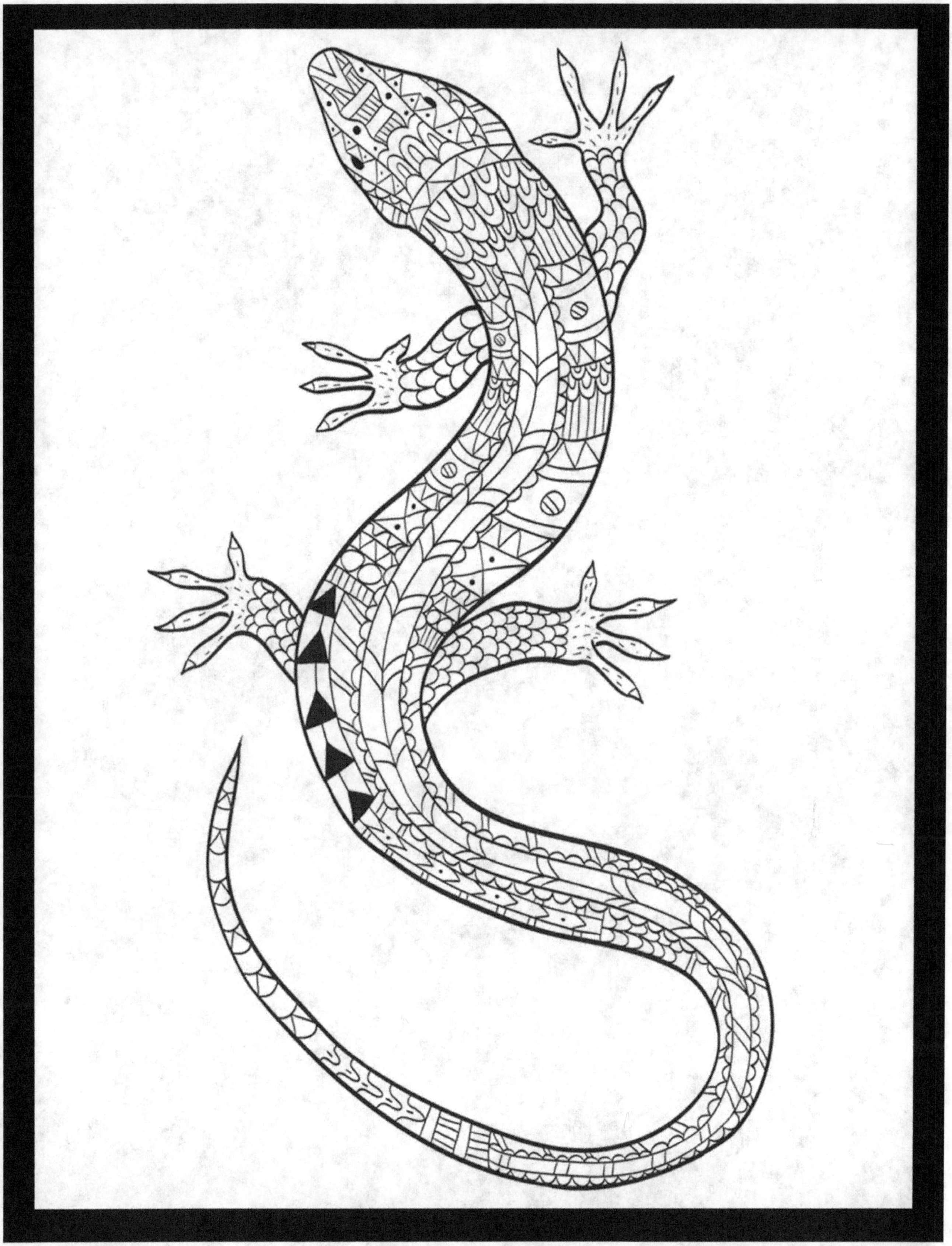

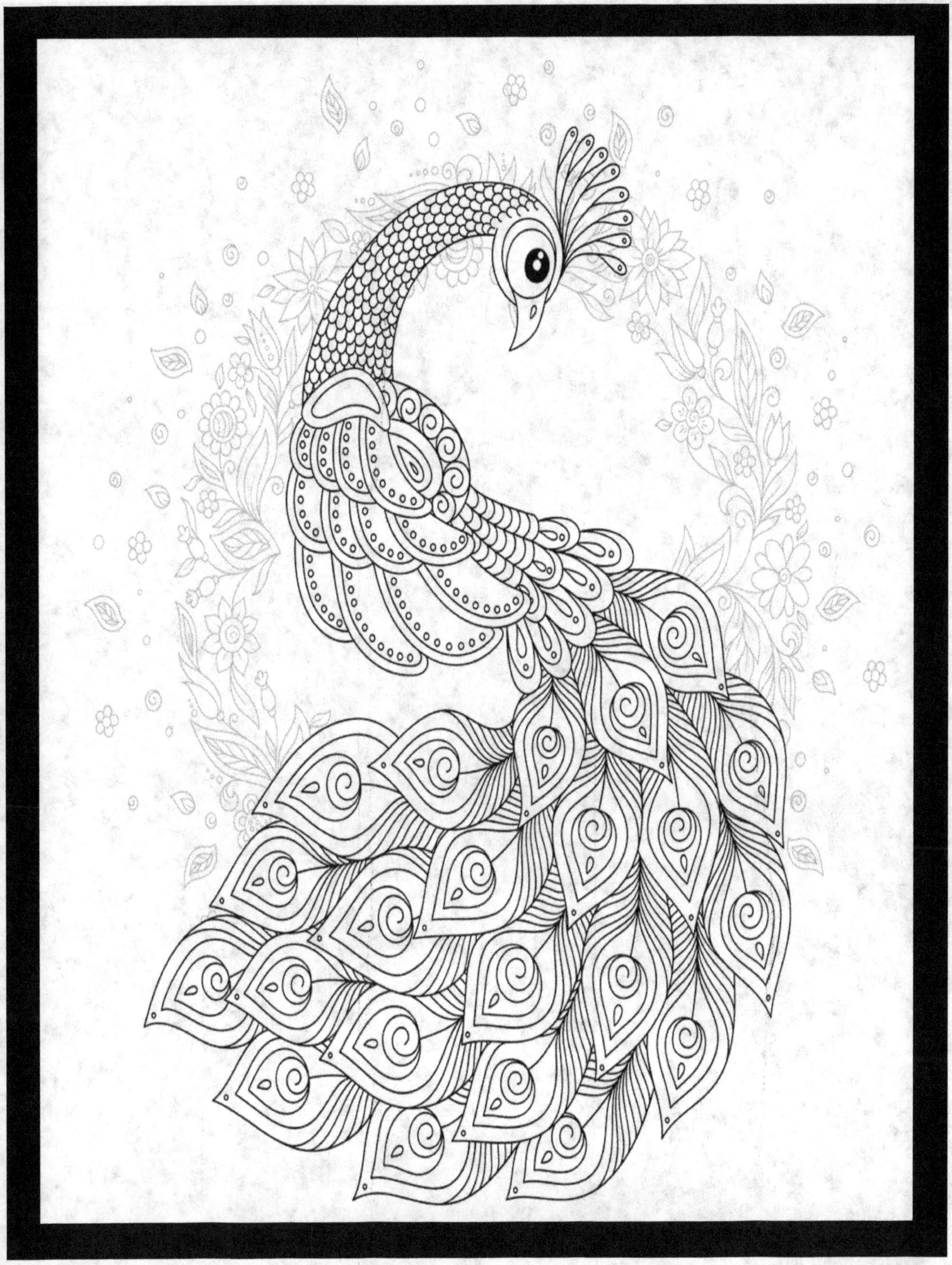

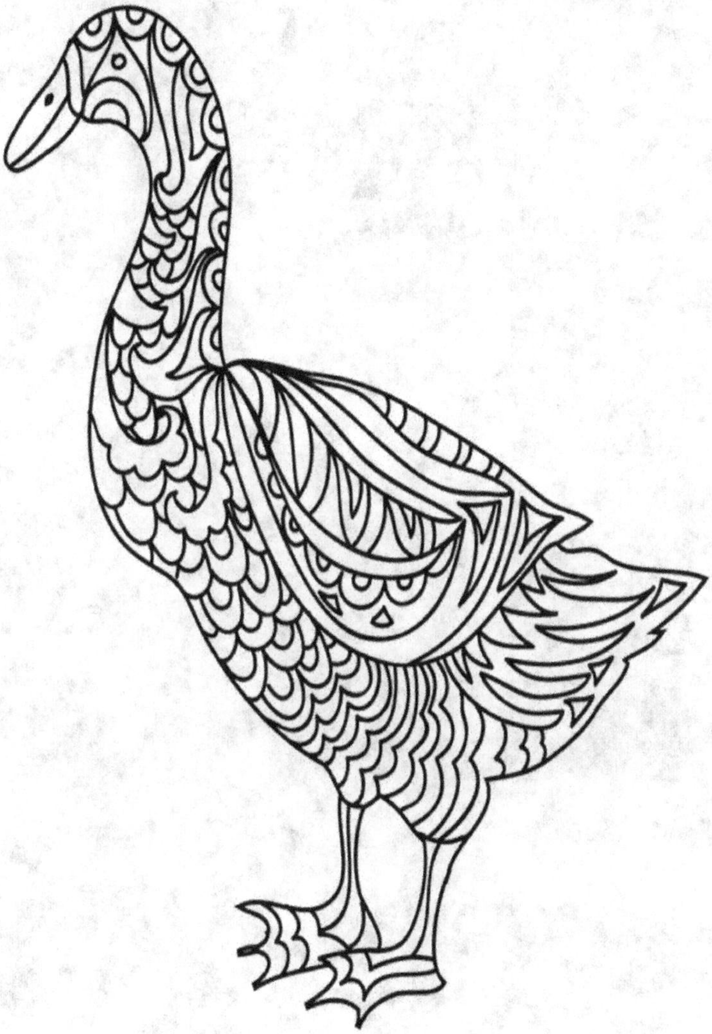

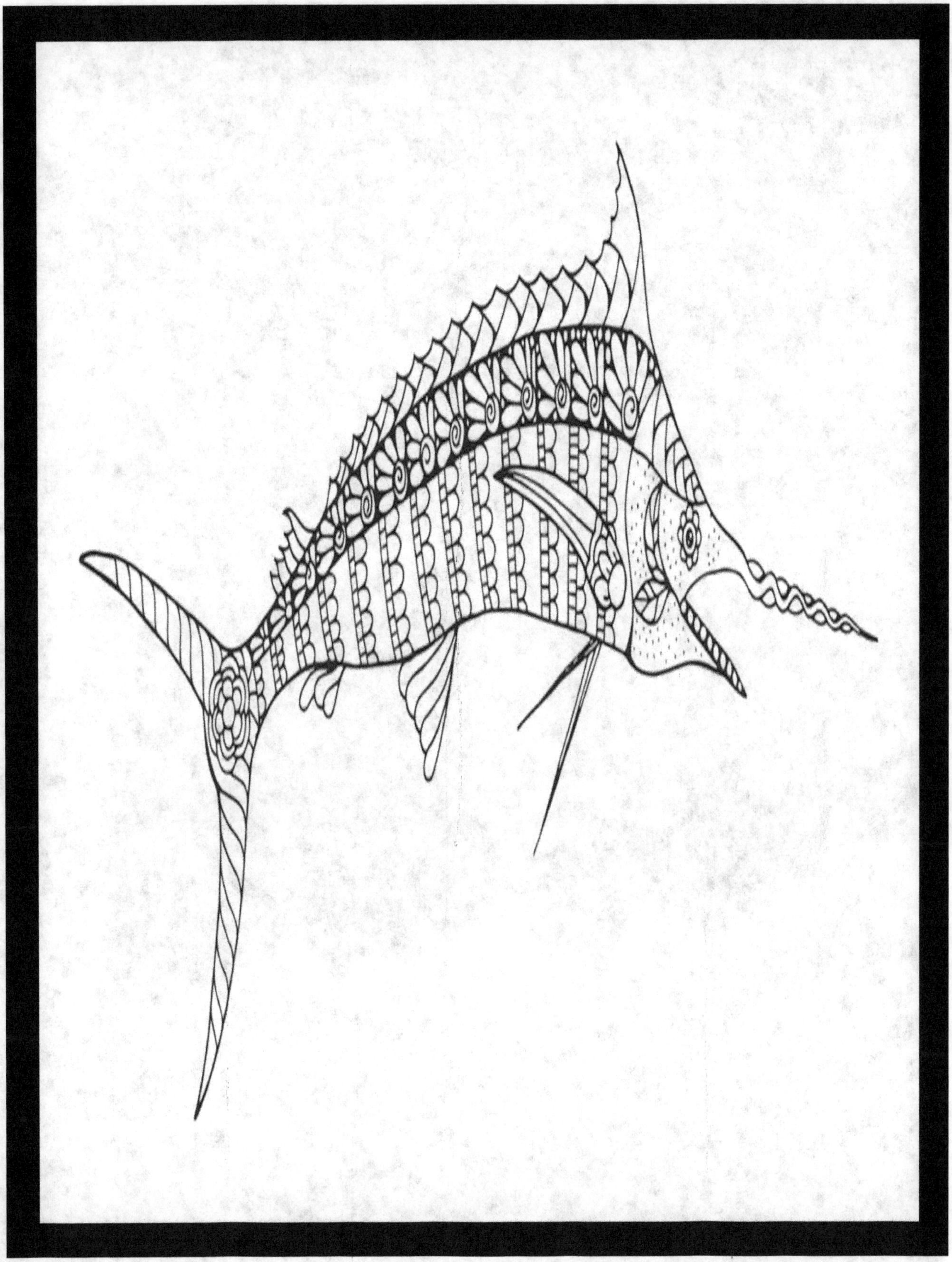

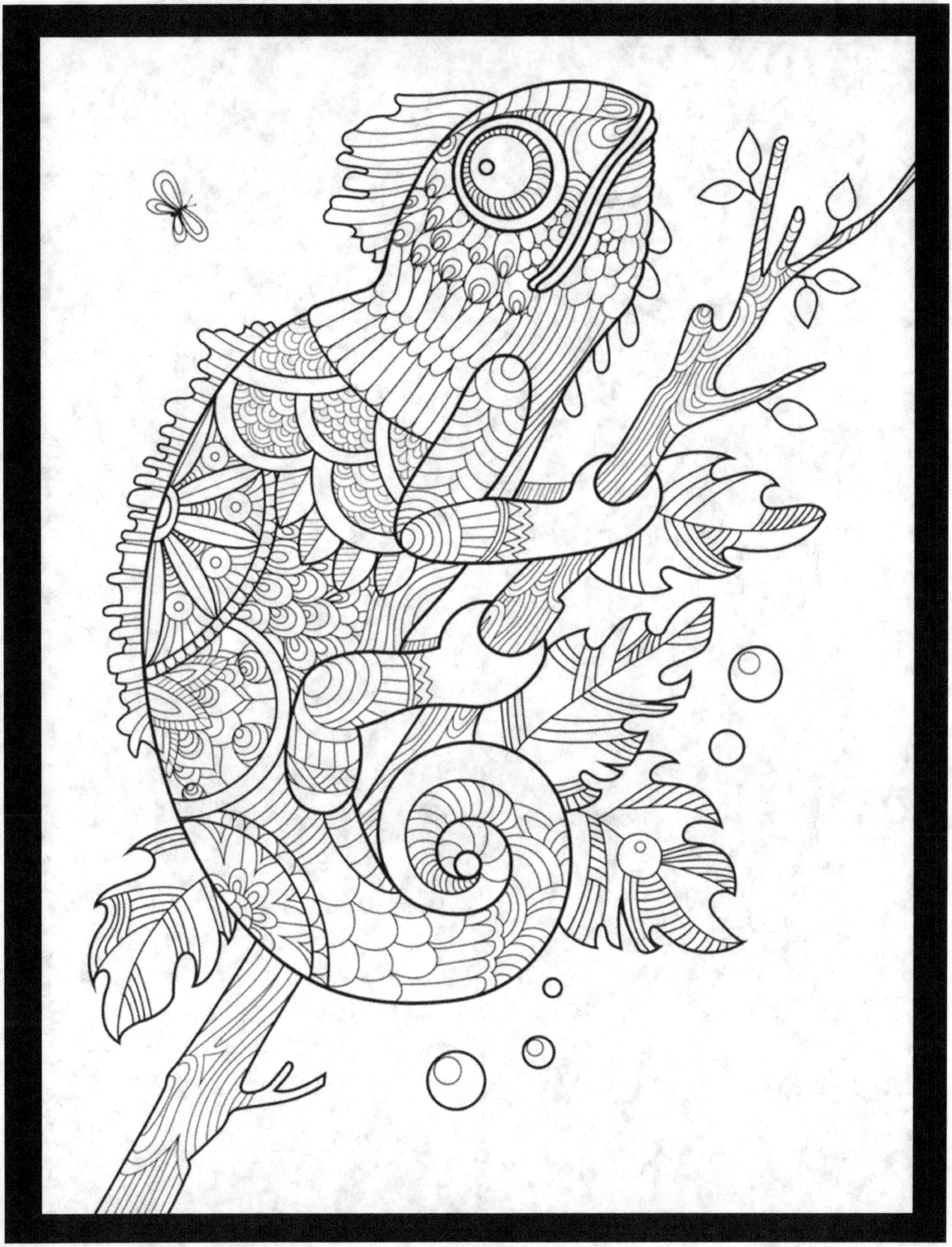

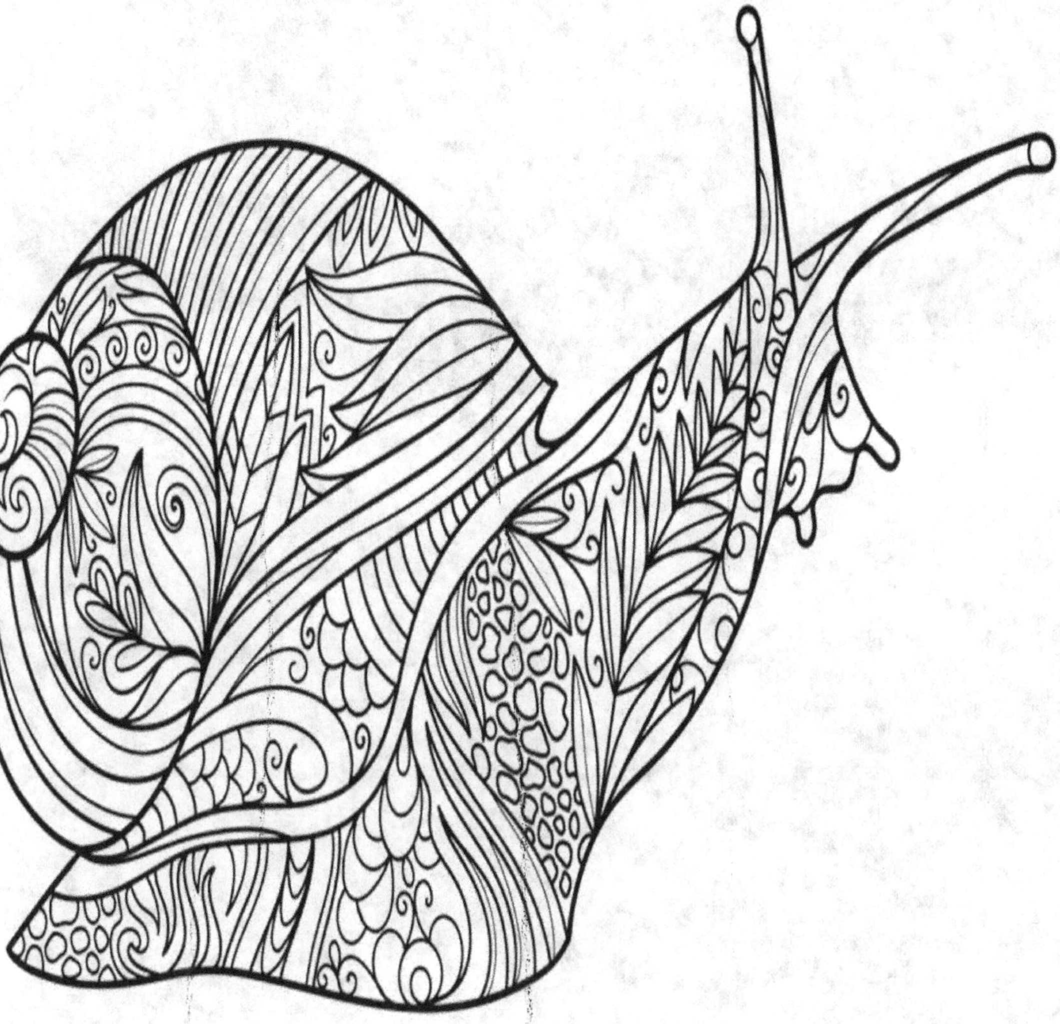

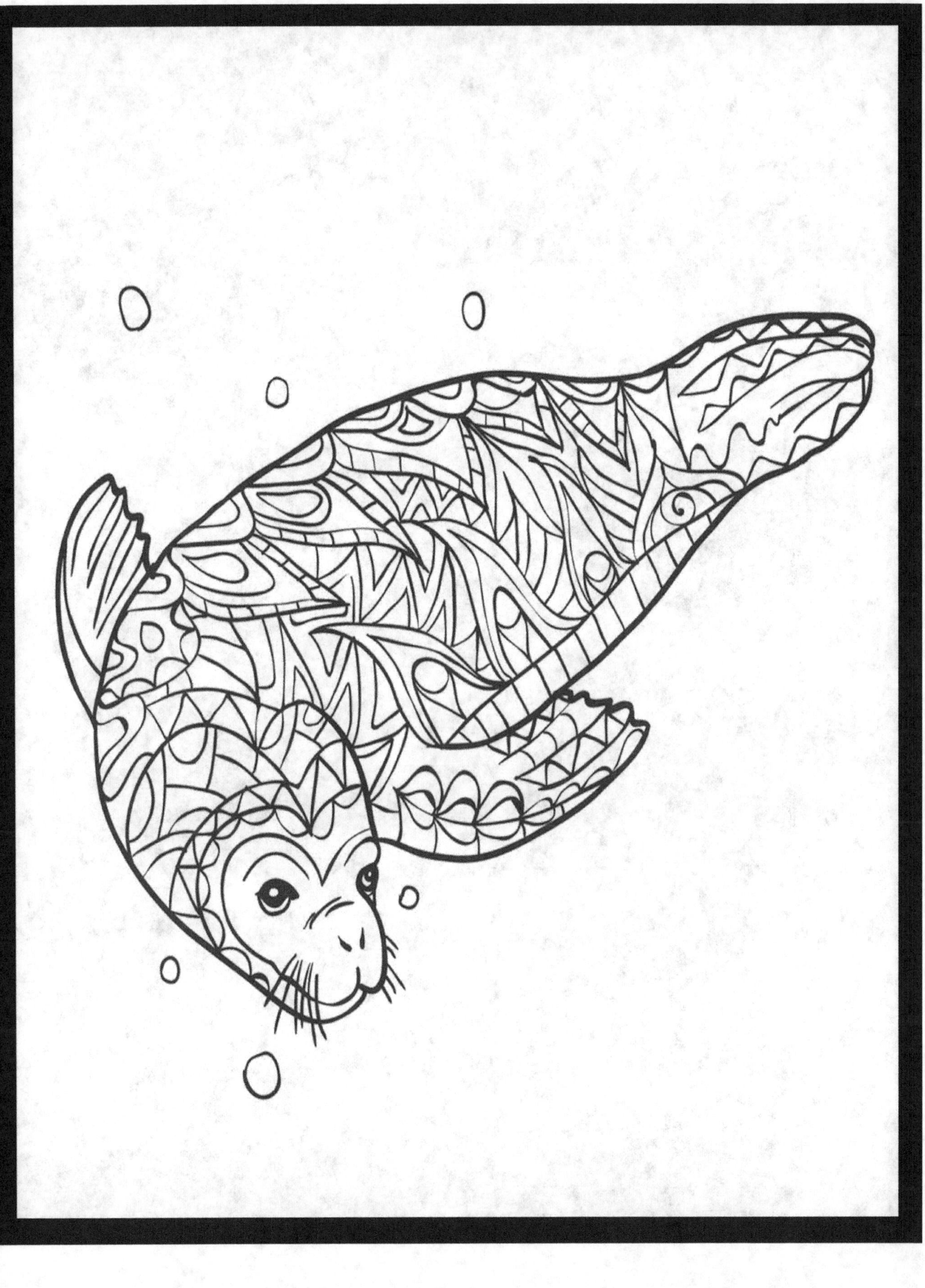

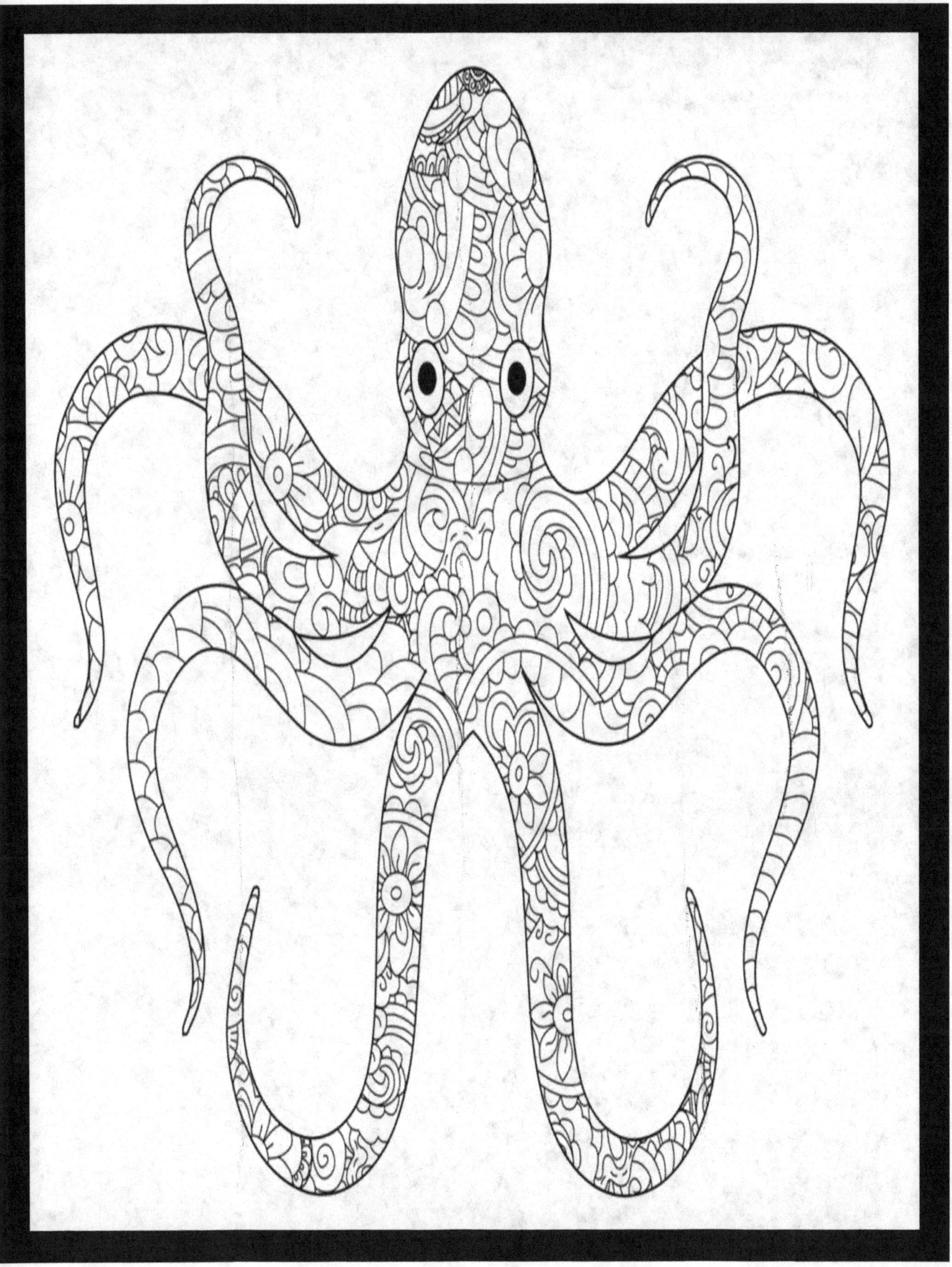

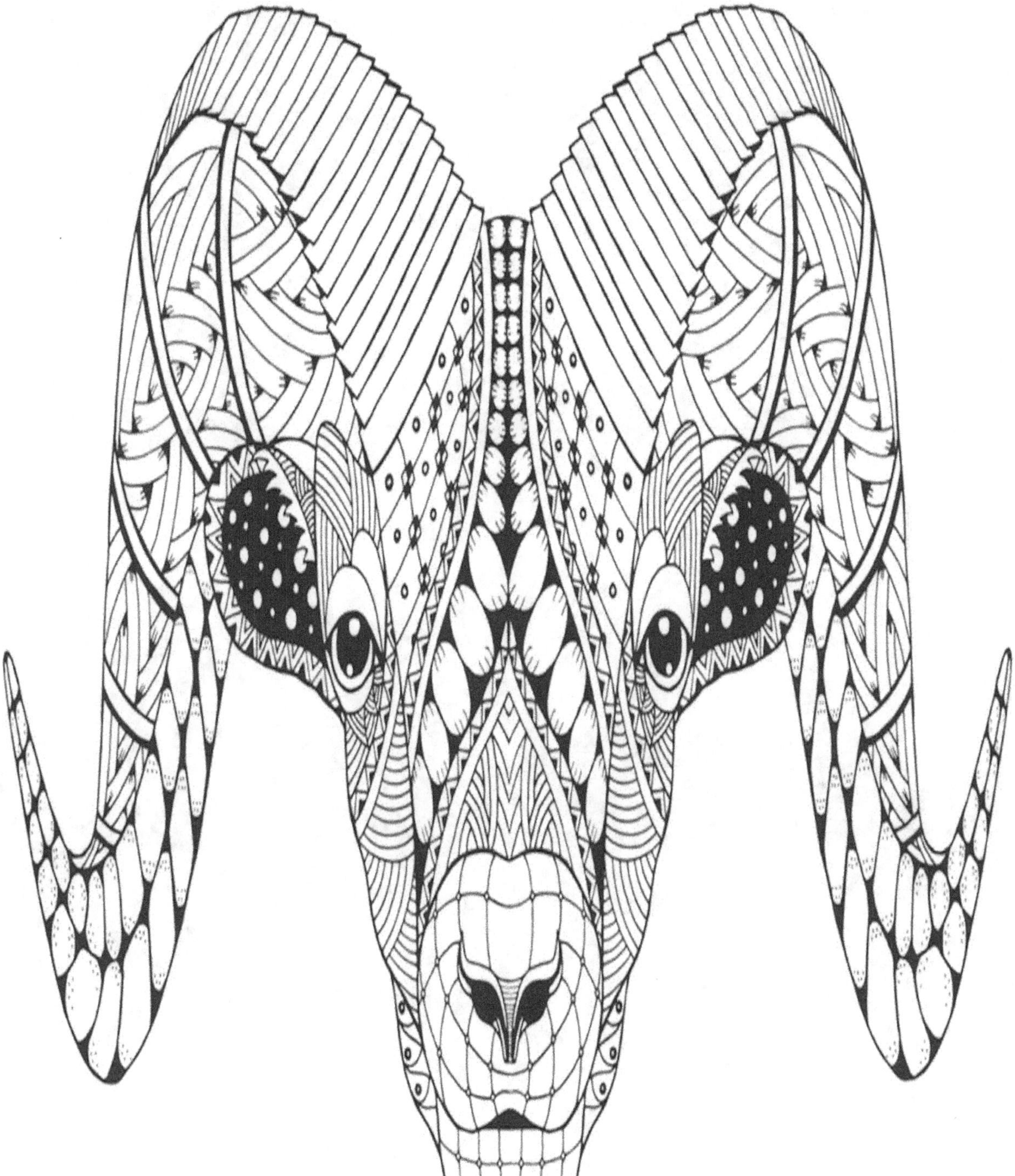

www.ingramcontent.com/pod-product-compliance
Lightning Source LLC
Chambersburg PA
CBHW080456220526
45465CB00006B/2291
* 9 7 9 8 6 4 9 5 9 0 7 6 1 *